# 你的存在本身就是美好

每天回到你心裡，
感受自己的內在力量

洪仲清——著

# 自序 我們是正要找一本書來看，還是藉著書來看自己？

「跟你在一起的時光都很耀眼，因為天氣好，因為天氣不好，因為天氣剛剛好。每一天，都很美好。」——《鬼怪》

寫這篇序的當下，天氣不那麼好，潮濕陰雨。可是冷風吹過臉頰的時候，內在正醞釀著喜悅的事，所以感覺美好。我把這段心境，在我的臉書線上讀書社團記錄下來，跟社團裡的朋友分享。

美好，或許跟外境有關。但存在的美好，跟內在的關連更強。

有一次，有位朋友很傷心，我也受到牽動。正感覺陰鬱的時候，看到一首作者標註為家族治療大師維琴尼亞・薩提爾的詩。

當我內心足夠強大
你指責我，我感受到你的受傷
你討好我，我看到你需要認可
你超理智，我體會你的脆弱和害怕
你打岔，我懂得你如此渴望被看到

當我內心足夠強大
我不再防衛
所有力量在我們之間自由流動
委屈，沮喪，內疚，悲傷，憤怒，痛苦

當他們自由流淌
我在悲傷裡感到溫暖
在憤怒裡發現力量
在痛苦裡看到希望

當我內心足夠強大
我不再攻擊
我知道
當我不再傷害自己
便沒有人可以傷害我

我放下武器，敞開心
當我的心，柔軟起來
便在愛和慈悲裡
與你明亮而溫暖地相遇

原來，讓內心強大
我只需要，看到自己
接納我還不能做的

欣賞我已經做到的
並且相信，走過這個歷程
終究可以活出自己，綻放自己

這首詩我放在臉書上，跟朋友們分享，自己也反覆再三閱讀。我感覺到了力量，像借力使力，跟我的陰鬱拉開了距離，去感覺我胸口隱隱然的悶，然後短暫地把一切放下。存在本然的美好，便悄悄現身。

我對於這首詩出自於薩提爾的哪一本書感到好奇，加上有些朋友想知道原文，所以我不斷查找網路上的資料，也詢問網路上的朋友。可惜，雖然看來很像薩提爾理論的精神，卻找不到確切的出處。

我在網路上看到了薩提爾以一位老奶奶的樣子出現，似乎一邊跟聽眾演講，一邊請人上台示範治療技巧的使用。她講話慢慢的，但很親切、很慈祥。理解她理論的同時，我也觀照著我的內心，藉著她的幫助，把我自己整理一遍，這也美好。

日子不斷往前走，雖然偶爾能進入靜定，但喜怒哀樂依然在我身邊流轉。我的內心還沒強大到，能全然活在愛與慈悲裡。

在尋找詩的出處的時候，薩提爾的一篇文章，談〈自我肯定〉，又拉了我一把。我試著自己翻譯，有些地方沒有直翻，但盡可能符合原意。

**自我肯定**

❶我不必因為別人不喜歡我做的事、說的話，以及我的思考與感受，就感覺罪惡。
❷我可以感覺生氣，也可以以負責任的方式表達出來。
❸我未必要負起決策的所有責任，特別是別人也要一起承擔決策責任的時候。
❹我有權說「我不知道」。
❺我有權說「不」，而不感覺到罪惡。
❻我有權說「我不了解」，而不感覺到愚笨。
❼當我說「不」的時候，我不一定要道歉或解釋。
❽我有權要他人為我做事。
❾我有權拒絕他人對我的要求。
❿當他人在操弄、詐騙，或不公平地對待我時，我有權去告訴他們。

⓫我有權去拒絕額外的責任，而不感覺到罪惡。
⓬當他人惹怒我的時候，我有權去告訴他們。
⓭我不必為我的個人完整性妥協。
⓮我有權犯錯並為它們負責；我有權嘗試錯誤。
⓯我所做的一切，不必都被大家喜歡、欽佩、敬重。

我慢慢明白，內在強大的原因之一，是我們允許各種感覺流動，然後，主張我們的界線，不受侵犯。我們得先停止自我打壓，才有所謂強大，才能進一步向外，在關係裡展現自我。

然而，我特別關心，如果我們持續往內走，會走到什麼地方？

很自然的，除了那些起落洶湧的情感之外，我們會走到小時候，看到我們在原生家庭裡的樣子。看到父母如何對待我們，父母背後的價值觀是什麼，什麼價值觀在目前已經開始轉變，而我們又內化了什麼、複製了什麼……

沒有人是家庭的局外人，那些過去曾經經歷的、現在正在經歷的，慢慢延伸出我們對未來的想像。於是我們的未來，被過去緊緊綑綁著，我們的現在，則掙扎著想要在無助無力的狀態下甦醒。

如果我們給足時間，把我們所說的、所做的，追到我們怎麼想、怎麼感受，把我們所感知到的他人的樣貌，跟我們自己心裡的想像疊在一起，會有巧妙的、意外的相似性。即便我們孤身一人，依然在心理上，跟外界牽扯著千絲萬縷的關係，不寧不靜。

那些洶湧而起的、吵吵嚷嚷的，以為永無休止的自言自語，只要我們以愛、以肯定、以感謝去接納，終將各自尋著歸處，讓我們得到片刻靜默，在靜默中能看見美好。

我們看著書，那些囉囉嗦嗦、那些似乎與我們無關的說教與特殊的視角，有一剎那之間，會觸及到我們沒看見或沒看清的自己。或許，那３６６篇的嘮嘮叨叨，都照見了自我的碎片，再次又再次地與自己相遇。

祝福您，看見自己，感受到美好！

# January

1月1日

# 自己決定新與舊

如果我們演了一整年的戲，那我們用觀眾的角度，回顧一下過去。我們演得怎麼樣？是越來越成為真實的我，還是演得越來越壓抑？

我們依然對自己感到好奇？還是失去了興趣？

每切換一個場景，我們就像戴上了一個面具。職場、家庭、與朋友共處……我們喜歡我們的不同的面具嗎？有想要修改嗎？戴起來輕鬆嗎？有沒有可能，讓面具的樣式少一點，更接近原來的樣子，讓我們的負擔減輕一點？

把上述的問題，好好想一遍，會像是一種對自己的懺悔，也可能是一種自我療癒。把經驗整理清楚之後，未來一年，是要用來彌補過去的遺憾，還是用來創造新的開始？

過去的終究過去，未來再難相同。我們始終如新，但也立即陳舊。我們眼光眺望的方向，會決定是新還是舊！

我們願意讓自己不同嗎？還是我們已經厭膩了，立志又失志的重複循環？所以我們只想被動地等待，幸運的到來？

## 1月2日

# 慢下來

如果真要「快」一點減少煩心事物的干擾，其實「慢」一點比較好。所謂慢，也可以從減壓去思考。當腦子裡烏煙瘴氣的時候，我們常常按照平時的習慣去做事，因為我們的大腦空間不夠，只能使用耗損腦力最少的慣性去生活。這時候我們的耐心也會不夠，罵小孩的頻率也可能會增加。

慢下來，先給自己爭取多一點時間，不是什麼事馬上就要回應，其實有些事不回應也行。不必要的行程盡量減少，寧可暫時工作績效差一點，社交互動少一點，或者請人來幫忙，那也是一個辦法。

標準可以降低，像是我們可以開始思考，碗一定要當天洗完嗎？衣服一定要每天換嗎？孩子一天幾乎都沒出門，是不是可以不用洗澡，用濕毛巾擦一擦就好？可以外食嗎？

當然，能多深呼吸，做做伸展，放鬆肌肉，出去運動，那是最好的。

此外，活在當下，專心過生活，那是每天每天的練習。

1月3日

# 今天也好好照顧自己的身體

一天有好的開始，有個清楚的規劃，或者有一個讓身心舒暢的活動，或者單純就是把心靜下來，其實對接下來一整天的影響會比其他時段來得大。

有些朋友，早起就跑步，一天以充滿活力的姿態開始。有些朋友喜歡早上靜坐，這已經成一種流行，不一定得要有宗教信仰。真的談到宗教，我也鼓勵有相關宗教信仰的朋友，一天的開始，向高於我們的力量禱告。

透過自我對話，覺察與意識，跟慣性保持一點距離。

我們常跟誰有衝突，今天試著說一句好話，讓彼此的情緒休息一下，一天不爭吵不會怎麼樣。我們喜歡誰，可以試著表達，一句感謝、一聲讚美，也不至於那麼尷尬。

也許，今天我們可以試著好好照顧自己的身體，吃得健康、睡得安穩。我最近有個經驗，可能是身體的站姿不對，有一次我試著全身放鬆，注意到自己的肌肉，才發現我的腰部太往前，其實會讓自己累。輕輕地調整回來，再感覺一下，果然舒服、自然多了。

原來，只要有壓力，身體的某部分就會不由自主地緊張，而自己意識不到。透過「身在哪裡，心在哪裡」，我們與自己相遇，我們可以用更輕鬆的方式活著。

## 1月4日 獨立人格

所謂「獨立人格」，或許可以想成是良好的自我概念。一個人清楚自己能力擅長與弱勢之處，知道自己的喜好，如果再進一步，能照顧好自己的健康，懂得打理自己的情緒，那是更好。

一個人不知道自己要什麼，隨風搖擺，人家說什麼就是什麼，那對方其實很難尊重。有些人談戀愛談得任性，真的就是要對方唯命是從，想體驗這種被捧在手心的感覺，即便這對關係長久來說，會有負面影響，反正先拿到某種感覺再說。

那是分不清楚，我們真正要的是陪伴，還是寵愛?!那是不知道，關係不是只求滿足自我，共同成長更是美妙！

## 1月5日

# 多牽你的手

一個有三個孩子的家庭，媽媽出門的時候，雙手常常牽著弟弟妹妹。姊姊比較大，自然要幫忙照顧弟妹，幫忙提東西，先去開家裡的門，按電梯……

時間很快就過去了，姊姊大了，成年了，離家了。有一天回家的時候，跟媽媽聊天，講到牽手這個話題。媽媽突然想到，她似乎很久沒牽姊姊的手了，她甚至有些忘記，姊姊是怎麼長大的，因為姊姊很少讓她擔心。

媽媽驚覺，自己錯過了什麼。這些年來，姊姊在她們的前前後後走動著，像遊魂，又像個小媽媽，做得最多，但得到的關心最少，連長大都靠自己。姊姊沒說什麼，但紅了眼眶。

媽媽告訴姊姊：「希望我以後，能多牽妳的手！」

母女是一輩子的，以前做不到的，現在可以選擇再開始。至少醒悟之後願意行動，而不是意識到自己的不足，然後把頭埋在土裡，只想逃避與否認。

1月6日

# 有一種態度叫欣賞

我常面對所謂不聽話的孩子，大家的生活也是照樣過，真的不是只有聽父母的話才能活。或許不太融入社會常軌的孩子，過得比較辛苦，但同時也比較有創意。

有一句父母常說的話：「你不喜歡，也得適應它，因為大家都是這樣！」可是，我看到有些孩子的思考是：「你不喜歡，可以改變它，因為沒人這樣做過！」這種想法，不就是某些成功者的特質嗎？真正的成功者，不是常用不一樣的思維，去突破人類的困境嗎？大家都一樣，那要怎麼成功？

我們的社會常有些矛盾的要求，又要孩子在家的時候聽父母的話，又要孩子將來出社會懂得獨立思考。我想問，一直要求孩子聽話的父母，這要怎麼做到？

所謂不聽話的孩子，有時候，他們不是製造了問題，而是給了我們提醒與尋找解答的方向。

不是只有聽我們話的孩子，才值得我們喜愛。面對思考跟我們不一樣的孩子，有一種態度，叫欣賞。

1月7日

# 即使心死還是有機會活過來

不是每個我們認定的人，都能像我們那樣付出真心，即便對方承諾過也一樣。有時候時空一變，關係就變了，留戀無用，徒留傷悲。

面對關係的變化，我們不能只等待，等待有時候只是不知道該怎麼辦。要有所準備，要想著如果自己是自己的孩子，會給他什麼樣的建議，會希望他經過這次的事件之後，未來可以有怎麼樣的生活。

關係結束，不代表一切就完了。即使心裡像死了一樣，還有機會讓自己活過來。眼前的路還要走，身邊還有需要您的人。只是這次的關係不如您的期待而已，您只能靠自己給自己幸福，本來就是這樣，您只是更認清了這一點。

1月8日

## 我愛你，是我的事

我愛你，是我的事。你就算不愛我，那是你的事。果真如此，我會很傷心，但我會繼續做好我自己，也盡可能讓我對你的愛，不成為你的負擔。

愛一個人，如果愛到對方很累，那不如多愛自己。有時候，愛可以放在心裡，不見得一定要對你做什麼——如果這是當時表達愛的最好方式。

如果你一直傷害我，我會跟你保持距離。如果我以後無法控制自己，一直傷害你，也請你做好跟我保持距離的準備。

我不想一直被傷害，這不是一種愛你的表現，這也根本就不愛我自己。我傷痕累累，對你沒有好處。而且，我是我父母的子女，我要愛惜我自己。

人會變，我會變，你會變，我不知道愛能不能永遠？

不過，請你千萬記得，我曾經很愛很愛你。你的出現，讓我最美好的盼望成真。我期待，當你失去希望，請你記得這一點，你很值得被一個人愛。

# 1月9日

## 石頭有石頭的自在

如果我是石頭，但被當成了玉。以前的我，可能會沾沾自喜。現在的我，會害怕。因為我只想做我自己，不想被當成一個、不是我的那般美好。

玉有玉的圓潤美麗，但也脆弱。石頭雖然比較不起眼，不過也有它的自在。

有時候，我們因為自己的需要，把對方當成了玉，儘管不是對方真實的樣子，對方也進入了圈套。等到我們的需要被滿足，對方便變得連石頭都不如，這對對方不公平，儘管整個過程對方也有參與。

所以認識自己是一生的功課，不管是愛與被愛，我們都會有比較堅實的基礎。是石頭，就展現我們的堅強。是玉，我們就用自己的美麗，讓自己歡喜。如果對方也歡喜，或許是因為對方也有其需要，需要被滿足。我們做自己就好，懂得滿足自己也很重要。

願意真誠接納自己，願意如實接納對方的樣貌，對我來說，這最珍貴，最輕鬆，最能愛得自然，又讓雙方自在。

1月10日

# 這一步，以及下一步

雖然追求夢想的概念被捧上天，雖然社會鼓吹人要活得有目標，那萬一，夢想不知道在哪裡，目標不清楚，怎麼辦？這樣的人生，就很悲哀嗎？

有些人，接受了過於浮誇的夢想，以為自己能挑戰極為理想高遠的目標，結果在現實生活中不斷受挫，以至於發現，這夢想不是自己的，理想也是他人設定的，一時價值失落了，又該怎麼辦呢？

我們可以把時間觀調整一下，關於未來，可能放眼半年、一年、十年，甚至一輩子。未來的事，我們都不知道，能量不夠，看得越遠，常常心越慌。

有夢很好，踏實也重要！

我們人生只有兩步：這一步，以及下一步。把時間觀縮小一點，把這兩步走好，再談未來。把該做的事做好，是基礎。蓄積能量足夠了，再偶爾挑戰想做的事，給自己一些機會。剛開始腳步不用邁太大，先能站穩腳步再說。

夢想與理想，常常會邊做邊修正。所以先把該做的事完成，實在要緊，飯要吃、覺要睡、工作要進行，我們現在就活得實實在在，才有機會開展未來，才有資源能邊做邊調整我們追求的方向。

1月11日

# 幸福原本很平凡

幸福常跟比較有關，也跟自己的預期有關。如果只想得到而不想失去，那就容易感覺不幸福，因為失去是常態，就像得到也是常態。

可是，我們常在失去之後，才能體會其實我們日日與幸福相伴。因為我們擁有的，我們不看重，我們眼光只擺在我們還少了什麼——即便少了這些，也無礙我們生活。

幸福也不是強求，不是要靠他人來滿足自己。

幸福是個古老的概念，常有新穎的詮釋。幸福原本很平凡，卻被有心人包裝得很不凡，引人渴望，慢慢變得跟我們疏遠。

有人常誤以為，幸福是「我有，你沒有」。如果這麼想，那更可能會錯過幸福，因為人與人之間的連結與歸屬，是幸福的重要源頭。

多一種方式說，幸福可能不是我們從他人那邊取走了什麼，而是我們跟他人分享了什麼。所以我們可以先肯定自己的存在，從我們身上提取溫暖，然後在某種愛的層次上，感受那種不被輕易剝奪的幸福。

1月12日

## 愛過就會變成我們的能力

如果愛一個人，能走過一年、三年、五年……別以為，我們面對的只有一段關係，其實我們真正面對的，是一段又一段再一段的關係，那其實是一種艱難。

當我們在愛中，我們不見得知覺，因為我們不那麼稀罕。魚要擱淺在沙灘，才知道什麼是大海。會不會，愛的模樣，其實沒有我們想像得那樣光彩絢爛？

如果我們的認知清楚，愛過就會存在，變成我們的能力，也是一種回憶。不會因為對方遠去，愛就需要被徹底否定。

對方還在，不是愛的保證。最愛的人也不能取代我們自己，跟自己對話，細膩地去感受愛的能量。

讓我們想像，我們看到天空的雲，那麼美好奇幻，於是我們敞開雙手追求著、奔跑著，希望它留下來。可是，它會來，就會離開。

我們或許有些傷心，不過傷心不能把它留下來。所以，不管有沒有對方存在，我們知道，閉上眼，那些美好就可以透過回憶到我們面前，我們一個人也可以安然自在。

哪一天，我們突然抬頭，還是會有各種雲朵飄過來。念舊的人有情，或許會受傷，但也更有機會懂得愛。

# 超對的那個人

如果對方是我們心目中超「對」的那個人，那通常他在別人眼中也不會差到哪裡。那憑什麼他會落到我們頭上，而不是被別人搶走？

除了因緣這種解釋之外，我們自己也具有一定的維持關係的能力，這才有機會跟對的人，進入對的關係。

單向式的期盼，理想化對方，然後陷入熱戀。很容易在發現對方的缺點之後，突然感覺驚嚇，然後認為被欺騙，或者認為自己為愛昏頭而看錯，然後走了就不回頭，再好的人我們也容易錯過。

再多一種方式說，我們要產生「愛的感覺」，與其說這是結果，不如說是過程，那會更加貼切。既然說是過程，那就是雙方都要澆灌的啊。如果有一方常在行為或情緒方面失控，雙方還要能有「愛的感覺」，那常只能從回憶裡找，然後隨著時間漸漸淡薄。

1月14日

## 人我之間最喜歡的味道

有一次跟一位中年朋友聊天，我順口說到，我有個矛盾。我雖然個性孤僻，但我又喜歡跟人做比較深度的互動。

他說，他到中年之後，比較能體會這種心境。以前年輕的時候，也不是說多外向，就是想被人認識，或者接納，或者肯定。

那個時候，互動的人多一點，涉入比較多關係，情緒就上上下下的。本來比較要好的朋友，跑去跟其他同學熱絡了，自己就覺得失落。沒那麼喜歡的人，要一直靠過來，就覺得討厭。

現在中年了，沒有這種心臟，跟人玩這樣的遊戲，平時的互動，盡量不牽扯太多情緒。像是不會固定去同一家早餐店，怕老闆認識之後，以後不去買，總覺得像欠了老闆一份情一樣，像做錯事。

人情這件事，慢慢成了負擔，能不擔就不擔。他自己還是有一些聚會，不過都是熟識很久的人。如果不得不出席社交場合，他就會是那個場合裡，站在最邊邊的人……

我聽了之後，直點頭微笑。這種會心的感覺，就是我最喜歡的味道。

1月15日

# 沒力了別硬使力

她這陣子真的過得辛苦，各種不順心的事擠到眼前來，讓原本好脾氣的她，逐漸難以控制自己的情緒。其實都算是中、長期的壓力，不是什麼急事，但就是放不下心來休息，沒辦法給自己充電，有個轉換心境的機會。

人在沒有能量的時候，越是容易往負面想，越是執著、看不開。思考沒有彈性，往前走就容易堵在胡同。往三面牆死命撞，弄得滿身傷，沒想到轉身往後走，還有海闊天空。

努力不是壞事，但自己沒力了，還硬要使力，常會壞事。要培養體力，要學習新知識，要懂得示弱與請求幫助。已經知道往下滑了，還要任由慣性幫我們加快速度，那我們不知道什麼時候會翻覆?!

停下來吧！停下來不是壞事，多久沒出去走走啦？換個環境，換種心情。河流本來就是彎彎曲曲到大海，遇到挫折就懂得轉彎，轉彎就是為了找出路。

有些問題，暫時沒有答案。有些上天的安排，我們還需要等待。

當下此刻，一步一靜心。彼岸像在遠方，也像就在前方。

# 1月16日 會玩的能力

一個人會不會玩，懂不懂得利用旅行來放鬆身心，是我自己很在意的一種能力。「玩」當然可以是一種學問，那可以創造許多美好回憶。我跟朋友們談，現代人常出現的問題就是，玩的時候想著工作，工作的時候想著玩，做什麼都不投入、不專心。

一個人會玩，就有材料可以聊。

我認識一位有人際困難的朋友，我最喜歡跟他談旅遊經驗，平常的話題他常抓不到重點，但是講到旅遊真是談不完，流水帳地描述都精彩。

我很喜歡大片的綠意，所以某一次旅遊，我就花了很多時間，坐在山前邊沉思邊欣賞。跳脫了原本熟悉的環境之後，常會刺激大腦往不同的方向思考，我因此得以放鬆與收穫。

我很認同村上春樹說的一段話：「旅行這種事大多是相當累人的。不過有些知識是疲累之後才能親自學到的。有些喜悅是筋疲力盡後才能獲得的。這是我繼續旅行所得到的真理。」

旅行通常讓我疲憊，但當我從深深的疲憊裡甦醒，好像連平常生活裡的疲憊都給甩開了！

1月17日

# 離開才能成就更多的人

在因利聚合的關係中，背叛其實不稀罕。但是即便因情感而結合的關係，辜負也不意外。不過，我們即使被傷害，也可能還繼續留在關係裡，有時候是因為利益還在，或者是心有不甘。

扎西拉姆．多多的文字，也許能幫助我們，當我們想清楚之後，為了自己而離開：「如果當我們全心成就一個人，他卻射來毒箭，也許是因為我們的方法有問題，再給他機會，也給自己機會。因為當我們成就了這個人，他卻叫我們離開、那就離開，只有離開才能成就更多的人。謝謝那些傷害我們的人，讓我們開始學習，不畏懼、不悲傷、不放棄。」

把自己卡在關係裡，那就失了很多繼續成就的機會。

情雖未滅但緣盡，我們也只好離開，離開而有力量成就自己，學習而獲得更多勇氣。

1月18日

# 他們給我們傷害，我們給自己虐待

他人對我們的評論，跟我們對我們自己的認知，大致上很難相同。如果要相對客觀來說，落實到一個比較狹窄的範圍，也就是所謂對事不對人，那會比較有個共識，也比較能產生具體的改善。

一般來說，要能分清楚，他的是他的，我們自有我們的認定，不受動搖，這樣的灑脫與豁達，讓我們嚮往。不過，如果沒分清楚人與事，只想不管、不在意他人，這種態度走到極端，也可能就是自我中心而已。

不過，有些人的評論，那是對事也對人。範圍過大，要求過高，標準很模糊。換個方式來說，評論者要的，可能就是要透過他人的改變，讓自己心裡痛快而已。那麼，被這樣的評論牽引得心神不安，沒辦法修得一笑置之的功夫，只是苦了自己。

常有那種狀況，他人在現實世界只講了一遍，我們卻拿同樣的話（常也可能有所曲解），在我們的心理世界，講了千遍萬遍。他人可能給了我們傷害，我們給我們自己的竟是虐待，自己傷自己，要還手比較難。

自己傷自己，像是無法按下停止鍵的重複播放，那幾乎是活在自己給自己設的地獄裡。真正最傷害我們感受的，恐怕是我們給自己的評論！

1月19日

## 我們一輩子在創作的，就是我們的心

談到霸凌，霸凌者會有的一種認知扭曲，就是常用負面的方式，去解釋同儕的行為，認為同儕有敵意，所以先出手攻擊。很類似的狀況，是常處罰孩子的大人，也常用負面的方式去解釋孩子的行為，認為孩子是故意、是挑釁、是想激怒大人……

有些老人家，會開始有一些精神上的狀況，會覺得被迫害、東西被偷、有人跟他搶奪他心愛的人、在講他壞話……。那麼，他先行預防，做一些傷害人的事，就他的角度來說，那變成了自我保護。

我們個人的本質是什麼，我們實在不知道，或許沒有人知道，但是我們對我們自己的看法，那才真正成就了我們與世界。然後，再進一步影響了，別人跟我們的互動方式。

如同《地藏經》中提到：「心如工畫師，能畫諸世間。」

對我來說，我們一輩子在創作的，就是我們的心。我們在心裡揮灑的每一分色彩，都造就了我們人生的精采。

多閱讀好書可以改變我們的思想，規律運動所得到的精力讓我們更有自信，甚至挺胸開闊的姿勢可以讓我們表現良好。許多方便可執行的步驟可以立即進行，別說我們的心看不到摸不著，生活是苦還是甜，有時候是看我們要還是不要！

## 經歷第二童年

我猜，沒有意識到正在帶孩子的過程，是再一次經歷自己童年的父母，大概是少數吧！

您的第二次童年過得怎麼樣呢？

少數的父母，會明白帶孩子，是一個重新開始的機會。讓過去的疑惑浮上檯面，然後，藉著跟孩子商量，要過一個什麼樣的童年，把自己過去積累且陳舊的情緒，重新安頓，把平靜還給自己。

第二次過童年，這時候做為父母的人，比自己以往弱小的時候，有力量多了。以前被告知「長大你就會懂了」，做父母了，就開始能夠藉自己的知識與經驗，解決自己的疑惑。

那麼，藉著給孩子更有邏輯的思維，更自由的選擇空間，我們可以得到療癒。我們有能力給出更好的，那會幫助我們自我肯定，而不是我們以前得到不好的，現在也要繼續這樣給出去。

只有「現在」能追求快樂與平靜，「現在」實現，「現在」再過一次童年，以完滿我們自己。或者，我們已經放棄，要孩子在「將來」替我們追求，替我們實現，又重複一次「等到你長大，就可以……」。

如此，我們有一個讓我們感覺圓滿的人生，也讓孩子有機會追求屬於他的圓滿人生。即便每個人的圓滿，實踐的方法與目標，都不盡然相同。

1月21日

## 跟一個人做同一件事

互動不一定只能靠聊天。一起從事有益身心的「活動」，也很好。運動、做家事、出外旅遊、種植花草、做志工服務……，如果這樣的活動對雙方都有益，通常對關係也有益。尤其是一起做家事，是不少母女、婆媳常見的聯絡感情的方式。

如果在情愛關係裡面，那就更重要了。我們檢視一段關係健不健康，可以從「活動」的比重與種類來看。

如果聊天是兩人之間維持關係最主要、甚至是唯一的工具，那麼，當生活漸漸失去了交集，或者某一方已經沒心情聊的時候，很容易發生為了聊而聊的狀況。尤其像是遠距離戀愛，基本上只能靠聊天來維繫關係，如果沒時間安排共同的活動，時間久了，曾經美好的回憶所帶來的感動已經不敷使用，常會讓人懷疑關係存在的必要性。

如果兩個人在一起，所進行的活動，需要一直花錢。那麼遇到要節制花費的時候，像是生了孩子，或者準備買房子，那關係就會面臨考驗。

跟一個人同做一件事，比單純聽他說話，更能觀察一個人的細微處，看清一個人的面貌。一個人健談是好事，能動手做事更棒！

# 一個獨特的人

「許多人所謂的成熟，不過是被習俗磨去了稜角，變得世故而實際了。那不是成熟，而是精神的早衰和個性的消亡。真正的成熟，應當是獨特個性的形成，真實自我的發現，精神上的結果和豐收。」——周國平

隨著長大，有人變得開始不敢盡情想像，選擇日復一日過著安全而熟悉的生活，那不是成熟，那只是老了。人家怎麼做，他就怎麼做，別人想的不一樣還會被他罵，反過來勸對方不要想太多，那不是成熟，那只是固執。

什麼是獨特的個性呢？

一個獨特的人，剛開始不見得被團體接納，有時候會有距離感。可是，他的個性鮮明，很有可能會吸引真正欣賞他的人，跟他產生交集。

有時候交朋友的歷程，是先讓人明確地知道我們的個性，然後自然物以類聚。

要發現真實自我，需要很多的內省，需要跟環境互動，學習表達自我，以及接受回饋。在自己獨處的時候，能找到適合自己的活動，能自得其樂，在精神上追求。

祝福各位朋友，跟人相處時，能找到適當的方式，表現自我，獨處時又能接納自我。

1月23日

# 感覺自己正在做什麼

通常只有自己看得到自己的努力，其他人大部分只會看結果，這是現實。

那麼，像帶小孩這種事，特別是狀況比較多的孩子。沒出事，就是理所當然，出了事，媽媽第一個變成箭靶。

剛好，我們之前談過「鼓勵」的精神，就是聚焦在「過程的努力」，而非結果的成績。一個人夠成熟，才有辦法自己蓄積能量，給自己加油打氣，儘管結果一直不好，還有力氣繼續前進，這個很重要。

其實，我們難免會有低潮，不管是心理上，或者發生在現實環境中。努力，是比較能操之在己，是比較能帶著我們走出幽谷的一種保證。

努力本身，就能影響心情。感覺自己正做著什麼，是積極的、是主動的。

舉個例子，如果是莫名其妙地承受一些辛苦，常可能讓我們感覺痛苦。可是如果是我們自己選擇的辛苦，用消極一點的講法，會比較甘願，用積極一點的講法，甚至會感覺到希望！

1月24日

## 尊重對方的喜好

他問我：「寶可夢這種東西，不是虛擬的嗎？為什麼會有人沉迷到這個程度？」

不只是寶可夢，很多目前虛擬的卡通人物、漫畫人物，科幻電影、英雄電影，或者插畫家所創造的各式角色，以及產值龐大的遊戲產業，都是透過「虛擬」來賺取大量營收。延伸來說，部分的情緒本來就是虛擬的，看不見、摸不著，只存在於當事人的心中，卻足以影響人的行為。

要說得再多一點，很多價值觀，也是靠眾人建構出來的。一個人表達某種想法，我們可能不在意，但一萬人表達同一種想法的時候，我們要不在意就不行了。

「如夢幻泡影」的說法，其實很值得試著套用在人心的各種運作上。不過，儘管部分的情緒是虛擬的，我們也得尊重它。

要引發一個人的負面情緒，最快的方式，就是否定他最喜歡的事物或概念。儘管我們不理解對方的喜好，我們依然可以尊重，就像對方也可以這樣對我們。

如果可以進一步地，從本來不理解，到願意理解對方的喜好，那就有建立關係的可能性。如果又進一步地，真心認同對方的喜好，那麼，建立正向連結的可能性便大大增加。

她告訴我，她最有力量的時刻，是孩子生下來的時候。她想盡全力保護孩子，她想為孩子珍重自己，給孩子一個溫暖美好的家。

原來，愛一個人，力量可以這麼強大。

感受到這種力量，從孩子在肚子裡就開始，一直到看到包在毛巾中，那小小身軀的時候，達到最高峰。她於是看了很多育兒教養相關書籍，她說，她這輩子主動願意看那麼多書，大概就是這一段時間。

講到這邊，她眼中還微微泛出感動的淚光。她處在這個狀態，也讓我被感染到喜悅。

她回想這一輩子，恐懼常跟著她。害怕自己沒前途、害怕自己嫁不出去、害怕被將來的婆婆嫌棄……，她在傳統家庭長大，就是被這種力量驅趕著前進。

這些恐懼後來被內化，自我處罰變成她動機的來源。然而，她體會到，因為恐懼所得來的成功，根本就不真的讓人有多快樂。就算她成功了，她還是深深地覺得自己不夠好。

有了孩子之後，她心裡的想法、一直以來的人生價值觀，不斷翻騰。她不想孩子也過著這樣的生活，所以自己學著開始擁抱愛的力量，事情能做，也能得恬淡寧靜。

1月26日

# 愛一個人，得先要從自己愛起

練習愛，常常會受傷，挫折、心痛常常跟著來。

只是，相對於「恨」，練習愛，比較有機會能撫平傷口。從愛自己開始，有一定的根基，再漸次地學著愛他人，那受傷的機會，可以小一點、少一點。

練習愛，常是要跟練習承受傷害，同時進行。確實，愛是一種能力，能夠溫柔凝視自己，願意給予懷抱著過去傷痛的自己，一道暖昫的光。

這種愛，常帶著一種理解與諒解的努力，如此面對我們所仇恨或仇恨我們的人，能給自己帶來一些寬解。不過，適可而止，那也是我們要學習拿捏的分寸。

有些愛，難免給得小心，因為對方不見得懂得珍惜。依憑著一時的情感給予，忘了自己，掏空了自己，那是對自己不夠慈悲，對自己不上心。

練習愛，可以由內而外，真誠一致地展現。也可以由外而內，慢慢感受內在的變化，體會到我們長久忽略或壓抑的豐沛情感。

像是有了孩子之後，有些父母才會知道，世上還有一種愛能如此強烈。

不過，即使是這世上最強烈的愛，也可以變質。這不是誰的錯，就是無常來磨。但是我們如果因此失去了根基，久久回不了神，那是一下子遺忘了，愛一個人，得先要從自己愛起。

1月27日

# 我們要找的人，其實是自己

「到底要聽誰的好？」年輕人有些煩惱。

我說：「給你建議的人，誰能為你的人生負責？」

這個提問，他目前還不見得有能力給答案。這個問題的討論到這邊停止就好，我也怕忍不住長篇說教，他心生厭煩。

他是碰上了兩難，兩難在一般的現實生活中，很常見。有時候，資訊不足，人生經驗不夠多，頭腦不夠用，想也想不透。另外，我作為另外一個相對冷靜的頭腦，可以幫當事人分析，讓當事人想得清楚一點，頭腦的負擔少一點。然後，還要能忍住，不去扮演全知全能的角色，不去貪得那不屬於我的優越感，保持謙虛，不斷提醒當事人要進行「自己」的決定，以及他可能面對的後果。

因為容易在慌亂中依賴的人，也容易因為最後結果不佳，而感到更加慌亂，進而責怪。然後，又要尋找另一根浮木，去進行下一輪循環。

我們在某些脆弱的時刻，常想著要請智者幫我們做一個最好的決定。不過，跟人有關的事，所謂的「最好」，是一種相對，而非絕對的說法。

我們要找的人，其實就是我們自己。只是我們對自己沒信心，或許我們太少建設自己。智慧常在錯誤中累積，我們想長一點智慧，別怕犯錯。

1月28日

# 給傳統爸爸拍拍

傳統爸爸其實很可憐，他們大多認真負責，為了家庭的溫飽，但是搞到最後跟孩子不太親，甚至很孤單，有時候媽媽可以跟他對話，有時候連媽媽都對他敬而遠之。

不懂得適當表達自己的軟弱，喜歡逞強，覺得接受孩子幫助有點丟臉。做孩子的，要幫到這種傳統爸爸，需要很有技巧，有時候要連哄帶騙，「順便」幫到他，他才會接受。

有不少家長，自己就受過傳統爸爸的傷。所謂的父愛，最後只化約為有沒有讓孩子吃飽穿暖。不過，我們都長大了，我們終究知道，傳統爸爸其實有其非常內斂的情感表達。像是傳統爸爸覺得自己做錯事，也許不會道歉，甚至在口頭上逞強，但會突然幫孩子切一盤水果，買一個東西。其實，他已經用他的方式道歉了。

當傳統爸爸年紀大了，也許慢慢卸下當爸爸的角色與責任，有時候情緒就會活起來，會哭也會笑。不少中年父母，跟老年父母的和解與修復，在這個時候啟動。

關係雖然不能預期，但不需要放棄。別把所有力氣放在傷心，暫時改變不了的事情，就把時間留給自己，等到黎明才有力氣前行。

## 讓「媽媽」這個角色自由

我們可以用很多方式當父母，在我們能提供的、孩子需要的，以及環境的限制之間，找到平衡就好。通常是我們給彼此的空間越大，我們越自由。然後找到更多可能性，去面對環境的挑戰，追求身心的和諧。

在臨床上，我如果要幫助一個當事人改變，談還可以怎麼做，相當重要。那麼，一個媽媽要過得快樂，要貼近自己，可不可以有不同的扮演方式？

有少女心的媽媽，無為而治的媽媽，中性的媽媽，嚴格的媽媽，付出的媽媽，有責任感的媽媽，寬容的媽媽，溫暖的媽媽，女強人媽媽，傳統媽媽，甚至是像小孩的媽媽……雖然這個社會給媽媽這個角色的範圍很侷限，但我們可以選擇我們要不要被這樣的形象侷限住。

有些媽媽就是要把既定的形象，勉強套在自己身上，自己做不到，又心生挫折，徒增家庭的困擾。有些家人則是要透過社會既定形象，要求媽媽犧牲，想忽略媽媽本身的個性與情緒，這樣最終也對大家沒好處。

透過重新思索，我們讓「媽媽」這個角色自由，我們也讓我們自己自由！

1月30日

## 不要「面具」更接近愛自己

最近聽到一句話：「愛自己的最高境界，很接近不要臉！」這句話實在有趣，某部分言之成理，但我又覺得不知道哪裡怪怪的，一時之間說不出個所以然。對於不同立場的人，或站在不同角度來說，「不要臉」這種說法，如果講成是一般所說的「自我中心」，或者有人會說「自私」、「不合群」，這就比較好理解。

愛自己是要跟自己連結，搞清楚自己到底認同什麼、不認同什麼，這每個人本來就不同，跟每個人有不同的成長經驗與天生秉性有關。如果不要「臉」，解釋成不要「面具」，那確實更接近愛自己的狀態。

在社會上生活，面具少不了。那至少獨處清醒的時候，面具別忘了摘下來，而不是錯把面具當成自己的臉。

1月31日

# 我們知道怎麼陪著自己走

愛中常有陪伴，就是我們一起變得更好，如果一定要談改變的話。這種改變，我習慣用成長來談，而且這種成長，常在自我接納之後——那是好好正視著自己的缺憾。

知道過去一切的好與不好，都是現在的我的一部分。其實靜下心來看，也沒什麼好與不好，常常是我們自己強加的評斷，以現在這一點回頭來看，就是曾經走過的一條路罷了。

接納了自己，那就從現在這一點開始，清清楚楚地，把自己帶著一起走。未來還有一段我們還沒走完的路，在等著我們。

走的過程中，遇到了朋友，我們以誠相待，不強拉對方以驅趕寂寞，尊重對方也有屬於他們的路要走。真的只有我們自己一個人前進，那也很自由自在，腳步也輕盈很多，我們知道怎麼陪著自己，雖然孤單也能承受。

# February

# 落入人間，首先保護自己

我想到某些當事人，像天使一樣，堅持對人良善，但落入這個人世間，常常不是太愉快。良善可以被人喜歡，這是從小就有的教育，可是，如果沒有同時強調保護自己，那出了家門，這個價值觀就會開始遭受挑戰。

我不是說愛與關懷不對，也不排除頑石會點頭、惡人會被誠意感化的可能性。不過，能付出愛與關懷的人，本身要有一定的能量，如果不保護自己，很快地被耗損，那連自己都泥菩薩過江自身難保，怎麼還有力氣助人？

改善關係，愛與關懷很重要。可是，遇到不對的人，付出再多只會被當成賺到，還會覺得付出的人愚笨，只要有機會就繼續挖，挖空了還會責怪，為什麼不繼續付出？

兼善天下是美好理想，但是培養獨善其身的能力則是根本，從小就要教，長大了也要繼續學。把自己照顧好了，旁人通常能受益。但是連照顧自己都做不到，我很自然地懷疑，這樣會有多少能力幫助他人？

燃燒自己，照亮別人，是聖人與蠟燭的工作。對於平常人來說，保護自己是前提，然後才能進一步兼顧各種關係。

2月2日

## 愛的停損點

有時候，父母在情感上過於依賴孩子，但孩子想要保持距離的時候，父母會有一種強烈的被遺棄的感覺。那種被遺棄，不是只有孩子長大成立新的家庭，或者父母年紀大之後，才感覺得到，有時候只要孩子離家到外地念書，就會有這種感覺。敏感一點的父母，在孩子交男女朋友的時候，就會出現情緒不穩的狀態。

父母這個工作，不僅是世上最繁重，在某個層面來說，甚至可以用「凶險」來形容。情感涉入太深，又在心理上沒獨立，會遭到反噬，鬱鬱餘生。

父母的心，不是鐵打的，也會心碎。也有父母因為孩子的回饋，受過一點點傷，趕緊停損，從此不敢輕言說愛。這對親子雙方來說，都是遺憾。

我想試著告訴您，很多人都在這條路上走過。

我沒辦法安慰您什麼，不過，我希望您試著為自己堅強。孩子給我們的考驗持續一輩子，但別只看著孩子，要記得，最後我們是為自己而活。

# 2月3日

## 藉由整理記憶，我們更深一層地認識了自己

當我們越是向內探索自己，突破那一道又一道的關卡，讓思想自由、讓情緒流動，越是不那麼想操控他人來滿足自己。操控他人來滿足自己，其實很沒「效率」，效果不好。操控本身，就會變成另一個我們心裡亟需填滿的洞——因為他人不見得會乖乖受我們操控，這令我們不時就會受挫。

操控，常是一種過度的依賴，只是行為者不自知而已。

一個人經歷了許多，也不一定能成熟。照片會泛黃模糊，記憶也會隨時間褪去，所見所聞需要被整理，否則也可能成為我們的負擔。藉由整理記憶，我們更深一層地認識了自己，知道怎麼讓我們安然處世，知道我們的歸處，在內心的安定。

# 兩種愛戀關係

我們不能期待，我們遇到的人，都已經建設好處理自己情緒的能力。我想借用心理學家Abraham Maslow的概念，來談談相關的兩種愛戀關係。

第一種愛戀關係，是屬於「匱乏之愛」，主要是想藉由對方，來滿足自己。自己缺乏的，想要從對方身上得到。

很多時候，即使不喜歡對方，也暫時停留在這樣的關係裡面。因為怕寂寞，希望有人對自己好，或者更勢利一點的講法就是，暫時還找不到更好的人。

這樣的人，比較自我中心，沒同理心，喜歡操控對方。根據自己的需求，去評斷他所面對的世界。

第二種愛戀關係，是屬於「存有之愛」，主要是希望建立一種互信互賴的關係，來圓滿彼此。一個人要夠成熟，才有辦法成長到進入這樣的關係。因為雙方皆有能力給予，而不只是索求。要有能力因為付出而喜樂，可以依賴，也可以照顧。而不是稱斤論兩地計算著他愛我多？還是我愛他多？

成長雖有喜悅，但也會有痛苦。然而這份痛苦，能被視為個人的功課，而非通通推到對方身上。

2月5日

# 行動就是我們可靠的朋友，自我肯定的依據

剛開始為了博得對方好印象，所以假裝我們自己，或者殷勤地付出。只可惜，裝很難裝一輩子，付出過頭的人常希望獲得「滿意」的回饋（但很可能怎麼都不滿意），這些都造成了後續關係中的困擾。

不如，把精力用來發展自我。

讓自己有自信，讓自己更成熟，讓自己懂得健康地滿足自己的需求。這樣的人，心常保踏實平靜，就沒那麼容易受人操控，比較不會進入「操控者與被操控者」的配對關係。

也因為自己的狀態本來就好，自然不那麼需要偽裝，人際關係也比較圓融。狀況好的人，比較能包容他人的無心過錯，也能承受自己犯錯的結果，繼續加油。

慣於假裝的人，其實沒有誠實面對自我，對自己輕視，那是原因也是結果。性格這種事，裝得了一時，社交的時候勉強呼攏得過去，但要在親密關係中假裝，容易被人看破手腳。

我們不是要透過他人的評價來得到自信，是透過我們自己真實的行動，贏得自己的肯定。旁人犯錯只會怨天尤人，我們犯錯就道歉改進，行動就是我們可靠的朋友，自我肯定的依據。

2月6日

## 我們看到的，只是對方的一部分

人常從自己的需要當中，窺見他人，也不是他人的其他面向都不重要，而是某些自己的需要希望優先被滿足。

有的父母放大孩子的錯處，是自己有了焦慮，希望孩子藉著改進錯處、表現如同預期，來緩解父母自己的焦慮。有的戀人不安全感很強烈，就查手機、盯行程，偶爾就會問對方是不是準備要劈腿？

我們常藉著我們的認定，試圖尋一個合理的方式，讓對方來安撫我們自己。由於我們的所限，我們看到的，只是對方的一部分。同樣，我們也只能看到自己的一部分。換了對方，也是如此。

被誤會、被以偏概全之後，該證明還是得證明，只是說了、解釋了之後，就做回自己。心心念念地牽掛，哪裡都不能去！

2月7日

## 喜歡單身的自己，更有機會喜歡關係中的自己

她跑來告訴我，她有在關注我的文章。有好幾次，文章講到了她的心事。

她很客氣地說：「老師會適時出現……」

我說：「那是因為學生準備好了！」

機會是給準備好的人，貴人只幫得到決心改變的人。延伸來說，適合自己的情人出現了，差不多就是自己快要成為了好的情人。

她說：「老師你又說中了我在想的事……」

她正準備走出一段關係，重新開始。面對自己，她不再消極，她覺得沒有必要因為想要找到王子，而讓自己變成灰姑娘。

先有更自在的自己，才有可能有更自在的關係。喜歡單身的自己，更有機會喜歡關係中的自己。

我說：「這次我是學生，妳是老師。我準備好了，所以妳教了我！」

當一個人準備好了，到處都有老師。當我們學會感恩，隨時都有幫助我們的人。

2月8日

# 交不交朋友只是一種選擇

自己跟自己當朋友，有可能嗎？

先不說有些喜歡獨處的朋友，在狀態好的時候，能感覺到跟自己談戀愛的朋友。我換個方式說，我們早起，看到鏡子中的自己，會微笑嗎？

我們走進電梯，看到鏡子中的自己，會給他打氣與鼓勵嗎？

遇到困難事了，我們在廁所洗把臉，看著鏡子，會同理他的情緒而不是叫他壓抑，然後，安慰他有力氣了，就繼續努力？

看到過去照片裡自己的模樣，會告訴他，這一路走來不容易，要學習好好照顧自己？

如果一個人跟自己相處，懂得微笑、能給予溫暖關懷，在失意的時候能同理，知道欣賞與照顧自己，那麼，這樣的人交不到任何朋友，除非是他一個人活在沙漠裡，或者，這就是他認真思考後的選擇。

何況，朋友的定義很多種。點頭之交也可以算朋友，有彼此打招呼、問候過，也可以算朋友，在臉書上互動交流打氣可以算朋友，能談心事的人可以算朋友，半夜再晚也能打電話的人可以算朋友……

覺得自己沒有朋友，常常是因為自己不被人懂！不被人懂？我們還有自己啊！

自己跟自己相處得好好的，能理解自己，那交不交朋友，互動的範圍要多深入，只是一種選擇！

2月9日

# 身在其中，心在其外

最近有位朋友，受著苦痛的折磨，我便請他觀照自己腦海中，那種虐心的煎熬。觀照，便在苦痛之上，俯瞰著，抽離了開來。

如果，禁不住就會陷入。那麼，每一次想著苦痛，都試著用新的觀點去想：用對方的角度想，用孩子的角度想，用對方父母的角度想，用自己父母的角度想……

如此，便全面而透徹了！

想得累了，喝喝咖啡，看看影片，別讓自己心裡的世界，只有烏煙瘴氣一堆。給自己添香，讓自己知道，自己還能給出愛。

我們身在其中，心在其外。或者，無所住，自然而然。

2月10日

## 最貼心的孩子

在一個家庭裡面，最貼心的孩子，可能會承受最多的怪罪。如果多認識一點家庭，就知道這種表面上的矛盾，並不是奇怪的事。而且，最讓人傷心的是，承受最多、做最多，還不見得是被捧在手心裡的那個。

有位朋友，就活成了這個樣子。有一次，因為長輩對他生氣，連他「會有報應」這種話都聽到了，他很不能諒解。講到最後，他最不能諒解的是，為什麼他不像其他兄弟姊妹，有勇氣去割捨？

不是你真的有多不好，而是你對操控有回應。

長輩這一套方法，訴苦、抱怨、責怪……可能用在很多人身上。只要他願意回應，他就讓這種關係成立了。反而不去按照長輩那一套，用自己的原則互動的手足，還不用被這樣拉扯，也不見得最被長輩討厭，換一個自在。

貼心、尋求認同，這不一定是壞事情，要看用在什麼情境。可是，像他自己感覺到不舒服，又放不下長輩給的肯定，但卻又知道，自己的努力其實沒有那麼被珍惜。這種狀態下，他就要思考，停損點在哪裡？

有些關係，待在裡面，雖偶爾有小惠，但容易耗竭。犧牲自己，最多只能得到一些廉價的同情。

# 有意義的生活

我希望有簡單的生活，我希望有多一點獨處的時間，這比較不是社會主流的說法。一個人如果活得跟大家不一樣，環境自然會給予很多壓力，那我就得權衡，如何在社會的要求，跟我個人的期待中間，拿捏一個平衡點。

我能覺察，所以我不是完全接受社會給予的價值。可是，如果一個人很少覺察，那他怎麼能抵抗社會要他接受的說法呢？

意義會呼應一個人內在的價值觀，跟一個人對自己的認識有關。有意義的生活，不是一定比較快樂，但我自己的感覺，是比較平靜、踏實。尤其往內看的時候，那些操之在己的部分，每日都會有些不同，只要我願意努力。

他人的評價，本來就是隨風擺盪，而且常為了各自的利益考量。如果我們的內心不夠堅定，生活的經驗也不夠豐富，那也很容易隨波逐流。

所以也有人問，如果生活簡單，那要怎麼豐富生活的經驗呢？

閱讀啊，觀察人啊，多跟人討論啊，敏感於自己內在的變化啊。反而不是那種匆匆走過，好像碰到的事很多，但每件事都只有浮面的印象而已。

2月12日

# 接垃圾的時候，要量力而為

我們在長長的人生中，難免會處於權力不對等的狀態，所以我們都很難完全不當情緒垃圾桶。

只是，我們可以多一點自我提醒，別因為自己當了情緒垃圾桶，然後自己沒辦法排解。到最後，又找另一個情緒垃圾桶，把我們的情緒往他身上倒。通常最後被我們倒垃圾的人，會是我們比較親的人，也可能是比較愛護我們的人。

情緒垃圾影響所及，不只是心理層面。有常當垃圾桶的朋友，發現自己很容易吸引他人來倒垃圾，一大堆時間都耗在這裡。而且當垃圾桶也不見得會被珍惜，常共苦不一定同甘，好事可能都找別人，垃圾桶也會心寒。

所以我們接垃圾的時候，要量力而為，倒垃圾的時候，要注意對方的狀況。

如果我們想討好對方，我們也得清楚，單純接收情緒垃圾，是很難讓對方快樂的。對方要快樂，重點不在垃圾桶容量有多大，而在對方自己本身，要願意對自己下功夫才行。

都在大家能承受的範圍，而且有來有往，那也是蠻好的交流。否則，情緒真的被當成了垃圾，踢來踢去，最弱勢的人倒楣，強勢的人也好過不到哪裡去。

# 關係必然的疏遠與斷裂

當我們一直想要證明，我們對對方的愛與忠誠。相反地來說，我們恐怕是一直告訴自己與對方，我們沒辦法接受關係必然的疏遠與斷裂。所以在關係中也焦慮，離開關係也痛苦。

超越二元對立，情緒就會淡許多。但有些朋友告訴我，不要把人生看得那麼透，這樣會不知道怎麼活？或者不知道為了什麼而活？這樣人生就不好玩了！

這個說法讓我很有感觸，事實是什麼，我們知道，但我們抗拒接受它，因為雖然知道以後會痛苦，但我們想要當下的快樂。其實，當下的快樂，細細地品味，在當下就包含了不快樂，只是我們選擇視而不見。

2月14日

## 愛看似由他人引發，更像由我們內在而生

有時我感覺，「愛」雖然看似是被他人引發的，更像是由我們自己內在而生的。

然而，愛，可能有兩種狀態。一種是我們期待藉著關係，享受被愛，所以我們先付出。另外一種，是我們的內在洋溢著熱情，我們自己滿足了，也期待他人共享。又或者，兩者兼而有之。

愛，或許是那瞬間的癲狂，也可能是那綿延細長的涓涓流水，怕叨唸惹人厭煩的謹慎關懷。

有時候，我們是急急忙投身到愛的裡面，自己享受這樣的劇情，對方也順水推舟演一場戲。時間到了，對方想走了，我們把過去的種種攤開來，惡狠狠地，或者苦情悲求，要對方把他的未來留下來。

他走了，還有我們自己，本來就是我們自己，最有能力保證我們的幸福快樂，不是他，或者哪一個對方。

可不可以，對方來之前，我們已經能在孤獨裡自在，對方走之後，我們也懂得靠自己圓滿，除了留下一段經歷，我們不增不減？

# 別勉強自己配合

當長輩有不合理要求的時候，我們的界線還是要劃清楚。一方面無理的要求，本身就會破壞人與人之間的關係，為了關係長久之計，我們不能隨意應允。二方面是，有一就有二，久了變「應該」、變「當然」，這時候想縮手，因此利益受損者就會跳出來撻伐，可能讓長期付出者心裡受重傷。

跟長輩弄壞關係，晚輩也會痛苦。所以長痛與短痛之間的抉擇，還是可以試著先表達自己的意見與想法，別勉強自己配合，即使惹長輩不高興。別考驗人性，通常我們勉強做到，對方就可能覺得，我們其實可以再做更多，不見得懂得珍惜。

沒辦法好好當個晚輩，那就別忘了，我們還有其他的角色要盡心。人生常在取捨，角色之間也是，本來就不好拿捏，也無法預知結果，但寧可有個清楚的想法主動去試，而不是過著被別人決定的人生，自己痛苦，別人也嫌棄。

2月16日

# 不多不少地聽

我們在聽人說話的時候，怎麼樣不多不少地聽？

我們不夠冷靜的時候，別人的話，就會被我們聽成各種意思，跟原意會有一點差距。像是我們聽完別人的話，會記重點，而不是逐字記。那麼，被我們摘成重點之後，我們摘要的方式，就開始牽涉到主觀的部分了。

尤其我們傾聽的時候，主觀上到底聽到什麼，當下的情緒狀態影響很大。我們生氣的時候，容易把別人的話，聽成對我們有敵意。我們沒信心的時候，則容易聽到別人的批評與攻擊。

所以聽別人說話的時候要冷靜，這是把話聽清楚的重要條件，不要讓自己的情緒，在別人的話語上，加油添醋地。如果我們不夠靜，或者別人的話觸動了我們陳年的傷痛，我們常說到的投射與移情，就容易出現。

所謂不多不少地聽，是要盡可能還原事件的原貌。我們試著練習，分清楚到底什麼是對方真實講過的話？對方的話裡面可能包含的意思有哪些？以及什麼是我們自己的詮釋？

2月17日

# 看得起自己一點

人是自然的動物，可是我們一直活在水泥圍牆裡。今天的雲是什麼形狀？今天感受到了什麼樣的風？滴滴答答的下雨聲，給我們寧靜，還是更感覺煩躁？

今天或許會遇到一些困難，告訴自己，今天不一樣。以前撐不住的，今天或許可以再多熬個幾秒。因為我們想要更看得起自己一點，不是為了給誰討好。

人的心理層面複雜，所以即使再靠近，我們也不見得連心。再甜蜜的關係，也可能藏著不想讓對方知道的祕密。今天我們願不願意多理解一下對方，問問對方好不好？幫對方泡一杯茶，告訴對方，他的辛苦我們其實有看到？

懂得付出善意的人，通常比較容易得到善意，這個道理，大概很難過時。今天我們想成為什麼樣的自己，趁早決定喔！

# 一點點分享就夠

最近一位長久相處的孩子，主動跟我說，他要帶三樣東西給我。前兩樣，是我跟他說過，我很感興趣的東西。第三樣，單純是他吃到很好吃的餅乾，要跟我分享，「我要跟你一起吃，你一定覺得非常好吃！」

他要分享的，不只是食物，還有快樂。

光是他這麼說，餅乾還沒吃到，就已經有好吃的感覺了。食物要好吃，我們得要準備好正向感受的能力。否則，心情很糟，甚至演變成某些心理疾病，連好吃的東西，吃進去都還會想吐出來，或真的吐了出來。

他這樣一講，我就想到孩子的心性，他可能講完就忘了。可是，我的情緒還算穩定，我不會因為他忘了，就對他不高興，這沒必要。我很清楚，我不是要非得吃到好吃的餅乾才可以，我也不會覺得他忘了，真的很糟糕，我只在意他，想跟我分享的初心，那對現在的我來說，就夠了！

我們已經有的東西，我們也珍惜，那麼別人給我們一點點，我們可能就覺得夠了。我們老是覺得自己沒有，或者忽略我們已經擁有的，那別人給我們再多，我們容易覺得不夠。

2月19日

# 兩種「靜」

最近有朋友問到，沉默也是「靜」，靜心也有「靜」，這兩個到底有什麼不同？

我實在覺得這個問題很好，我想到有一次跟她對談的經驗。她宣稱，她先生都不跟她溝通。

沉默不溝通，也不都是壞事。換個角度，這是停損。不知道要怎麼繼續互動，硬要任由情緒衝撞，這很可能讓裂痕越來越大。

雖然兩人相對默默無語，這樣關係的品質不會太好，可是還是可以繼續生活，其實夫妻單獨相處，不以孩子為話題，就不知道要講什麼的例子，並不奇怪。

不過，心不靜，就很容易糾結在某個點，然後放大負面的部分。她如果能夠把心胸打開，會比較清楚。

互動貴在真誠，這是關係能維繫的重要原因。有說不完的話，只是相處方式之一而已。

2月20日

# 不尊重他人的人

他想到放完假要回去上班，心裡百般不願意。據他所說，跟他們主管有關。「他就是動不動要開會，開會也是他one man show。好像要問你意見，你可能才剛開頭，他就說他已經知道了，開始否定你的看法。都用脾氣在管理，只有他是對的，他最聰明，什麼事都以他為標準……」

他還沒講完，我就開始覺得好笑。他問我，在笑什麼？

我說，這跟我認識的部分家長很像。只是，他還有機會換老闆，孩子沒有辦法換老爸、老媽。

當一個人覺得不需要太尊重另一個人的時候，特別是權力大的那一方，情緒管理又不是太好，就有可能會出現類似的狀況，不管在什麼關係裡。

當我們忘了該尊重另一個人，我們又控制不住自己的情緒，我們的情緒就會往對方身上衝過去。就算我們有一百個對，我們常會忘了問自己，發完脾氣之後，對問題有幫助嗎？我們要對方做到的，我們自己都做得到嗎？

2月21日

# 不被批評妨礙

所謂「批評」，那是我們個人的定義，在他人的言語上貼了某種標籤，做某種分類。對方就是講了一段話，這段話我們要怎麼處理，我們可以自己決定。

有時候他人提供了很好的觀察，讓我們知道我們的盲點。有時候那段話只是對方宣洩累積了一段時間的情緒，剛好我們人就在那裡，也不見得是針對我們。或者對方就是想要攻擊我們、找我們麻煩，讓我們痛苦生氣，來擾亂我們的思緒，那也不需要隨對方起舞……

所以，對批評在意也可以，不在意也可以。重點是，不管是在意或不在意，都不妨礙我們的行動。心情好，我們要用這樣的能量，來認真工作與生活；心情不好，更是要專注把工作與生活過好，即使動作比較慢，品質不如我們的期待。

## 2月22日 你的人生有比較成功嗎

我有時候覺得，父母管小孩，不能像當兵一樣，一個口令下去，就是要孩子服從。對我來說，「成功」的父母，要能引發孩子思考，讓孩子覺得這個世界充滿趣味，然後願意自我實現，去找到屬於孩子自己的方向。剝奪一個人的自由意志，所引發的敵意與怒氣的破壞力，常常被低估了。

傷害自己，連生命都可以丟棄，可能是一種痛苦的解脫，也可能就是一種對父母的賭氣復仇，這些新聞上偶爾就會有。情節輕微一點的，就是拿自己的人生，作為跟父母對賭的籌碼，最後常是雙輸的局面。

為什麼這類事一再發生，父母還是醒不過來？

一個孩子還談不上成功，就先被摧殘了——別以為剝奪一個人的自主權，不會傷到一個人。那有時候是一種貶低、一種否定。

我有時候想幫這些孩子們問：「請問很喜歡控制孩子的父母，你們的人生有很成功嗎？還有，就算你們真的很成功，你們有問過孩子想要重複你們的人生嗎？還有，成功有很多種可能，為什麼就是你們認定的那一種，才算成功？」

# 聽他沒有說出來的話

我認識有爸爸，因為自己的社會地位不高，特別重視孩子的「教育」。其實，爸爸心目中所謂的教育，就是孩子有沒有去做功課，還有考試成績。只有表象，沒有多少內涵。只要孩子落入他定義的「不用心」，就會揍孩子一頓。

在這種「教育」之下，念書考試變成了一種逃避痛苦的手段，而比較不像是追求自我、追求快樂的方式。而且考試成績對於整個人生的分量，在現代的多元社會來說，已經越來越小了。

就更不用說，父母看著電視、玩手機平板，但要孩子去寫功課的那種實在很沒說服力的情境。

如果父母執意這樣對待孩子，那麼，我想孩子會把自己藏得更緊。那時，我們所看到的孩子的樣子，大概就像浮出水面的冰山一角了。

我想起詩人紀伯倫的一段話：「一個人的實質，不在於他向你顯露的那一面，而在於他尚未向你顯露的那一面。因此如果你想了解他，不要去聽他所說出來的話，而要去聽他那沒有說出來的話。」

當父母對孩子了解不多，甚至根本不想去了解孩子的興趣與對未來的想望，這樣，還算是親子嗎？

# 不經思考的信任

學著信任一個人，真是不容易，即使是最親的人，也有軟弱跟控制不住自己的時候。所以信任是一種冒險，而且相處越久，便會知道，那可能是鼓起了勇氣，一次又一次的信任。沒有一定程度的信任很難一起過活，只是信任被辜負的傷痛，自己要能消化，能學到教訓，界線越劃越清楚，信任才能再給得出來。

因此，能信任他人，也跟懂不懂得自我保護有關。有了界線，知道可以信任到什麼程度，那也許信任被辜負的時候，痛苦會少一點。不經思考的全然信任，那是偷懶，常是被感情沖昏了頭。

一個人很難全然真誠，別對人有那麼高的期盼，但人也很難全然虛偽。不是說了小謊就要全盤否定，這除了跟人性有關，整個社會教育也一直影響著每個人。

沒有信任，很難有愛，而且日子容易過得不是很輕鬆。真的無法信任別人，也勉強不來，但也要試著信任自己。

當我們懷疑自己的時候，給予我們信任的人，常是給了我們極大的力量。信任常帶來療癒，而不信任常帶來傷害。

讓我們從信任自己的努力開始，試著跟人同時劃清楚界線，並學著信任他人，建立一個健康的關係。

# 2月25日 做小孩比大人還難

某些大人喜歡說：「是為你好才要罵你……」

可是，我從孩子的立場去想，那孩子如果罵家長，可以說是為了家長好嗎？答案應該是不行，在這些大人的定義裡面，這叫「態度不好！」

所以，在這些大人的定義裡面，對孩子好的方式，是包括罵他。但是通常這些大人的定義，孩子要對大人好，大概就是要對大人說好話，要聽大人的話。

有時候想想，這些大人對孩子表達憤怒，是為了孩子好。如果孩子對這些大人表達憤怒，就會變成沒禮貌？

我覺得，做小孩，好像比做大人還難。所以，對孩子發脾氣，是在乎孩子？還是比較在乎大人自己？

2月26日

## 被信賴的力量

「相信」，大致上不只是一種情感，最好還是要根基於現實。過於理想化的目標，硬要叫人相信也難。可是，懂得把眼光放在可達成的小目標上，那這樣的相信，更像是一種照明燈，指引著對方朝著適當的方向努力，那麼持續完成幾個小目標，就會離大目標越來越近。

一個人被信賴，好像自尊受到保護一樣，免於困頓的打擊。換個方式講，一個沒有建立起任何信任關係的人，在感覺到不被環境信任的情況下，遇到困難，大致上也會因為不信任自己，而退縮痛苦。

2月27日

# 如何看待經驗才是智慧

我有時候，會回頭看看自己以前寫的文章，很常覺得自己欠缺考慮、邏輯不周到。可是，又會想，沒有過去，哪有現在。

以過去為基礎，經過一段時間的學習與調整，所成就的現在，不能以當下的狀態，就去否定過去的種種。

把記憶拿到現在這個時空來檢視，常能夠重新再定義過去所發生的事。同樣的事，會產生不同的意義，常不會再對自己、對他人那麼嚴苛，更寬容慈悲，去涵納以前的不愉快。

奧斯卡影后珍．芳達說：「經驗並不會使我們變聰明，如何看待經驗才是智慧──它讓我們變得健全完整、有智慧並回歸自我。藉此讓我們回歸到初衷。」

## 調整框架

我們在「心理」上認定無法改變的事實，依然可能有改變的空間。我們心理上的認定，可以視為一種「框架」，由於心理層面的世界，常有很多主觀能調整的因素，使得我們的框架，可以經由學習或見識的增長，而擴大。

所謂成長，常常是指我們能涵容的事物變多了，而不是自己能生活的世界越來越小了！調整框架的方式，可以試著擴大與縮小，或者拉長或縮短時間觀，或者連空間都可以轉換，來讓我們待人處事變得更有彈性。

有時候，當下覺得是無比大的事。心理上的時間一拉長，影響的範圍自然也就變小了，也會平靜許多。我們對事實的解讀，也就開始有了新的風貌。

空間也能轉換，像是我們可以假想，「如果是自己當老闆，就不需要那麼擔心遲到的問題，就不用跟孩子常常在出門前大小聲」。

慣性的負面思考有時像漩渦，把我們捲入其中，最後不得動彈。越是掙扎，身心越是疲憊。往框架大小、時間觀、空間觀等三個方向練習，當成是一種頭腦的運動，有機會擺脫負面思考漩渦。

2月29日

## 當遇上操弄的「獵人」

如果碰到善於操弄人的「獵人」，就算及早警覺，也會搞得心裡烏煙瘴氣。就算我們只給出基本的禮貌，獵人也有可能一定要把這個小小的禮貌與善意空間糟蹋一遍，再看我們的回應，考慮是不是要繼續進擊。

我們的回應，如果透露出一絲絲機會，只要我們這個獵物還有利用價值，對方都可能想盡辦法鑽進我們心裡。對方有可能使出各種不要臉、秀下限的手段，讓我們感到害怕、恐懼、內疚、憐憫……讓我們進而又催眠自己，是不是要再給對方一次機會?!

不是不能表達感受，這種人認清了，就要立即行動。用各種方式切斷關係，連不得已見面互動都要盡可能保持距離，我們期許自己的善良，會被對方拿來當武器，需要小心再小心。

在涉入未深的時候，抽身容易。已經變成了「好友」，或甚至就是自己的親人，那想要脫離關係，就會百般地自我懷疑。有時候道德會被拿來當成一種有力的枷鎖，掙脫更是要不少勇氣。

在現代社會，獵人們甚至組成集團，演變成某種專業，將技巧不斷實驗精進。靠剝削所得到的錢財，我們一般人一輩子還不見得賺得來。

沒碰到厲害的獵人，別輕易以為，自己天下無敵！

# March

我們從自己的立場看，對方可能是壞人。然而，從對方的立場看，或許他自己才是好人，我們是壞人。我們所站的位置，常會影響我們所看到的世界的面貌。

一般來說，我們常認為是對方有缺點，所以難以相處。可是，也很有可能，是第一印象就讓我們覺得對方難相處，所以常使用負面的理解方式，掃描對方的一言一行，挑出毛病來支持我們的第一印象。

第一印象的形成，很可能並非基於理性，像是對方跟過去某人的樣子重疊，而我們又不自覺。那種「樣子」，可能只是一種外表特徵、講話語氣，甚至是某種身分的象徵，像是權威者。

有朋友說過，她總是跟權威者有些糾結。這個想法，或許是過去經驗的結果，但也可能影響了她往後跟權威者之間的互動關係。

如果想跟人建立夥伴關係的話，可以試著練習正面的理解方式。如此，溝通會比較順暢，也更能達到共好。

3月2日

## 有成人智慧的赤子之心

跟孩子互動，最重要的，還是能不能找到自己的「赤子之心」。

失去赤子之心的人，很難有單純的情感——那種情感一旦表現了，便得自在。兩個一般的孩子，不需要特別學習互動技巧，便能玩在一起。這時候，又同時具有成人的智慧，就可以化解一些可能的衝突。

即便是情愛關係，失去了赤子之心，那種關係裡的新奇有趣，便會少了幾分。要找回赤子之心，得要剝除掉許多社會化的掩飾，才能回到真實的自己去探看。

# 傷自己最重的人，是自己

有些朋友很在意別人的批評，結果，別人可能在現實生活中只批評他一次，他倒是自己在心裡重複很多次。說傷他最重的人，就是他自己，真是不為過。

然而，這不見得是當事人故意的，這我也清楚。畢竟，誰願意當自己的仇人呢？不過，沒有自覺，或者自覺了之後沒有行動，還是可以有一些調整的空間，這都需要在覺察之後，重新學習。修養自己這種說法，不是有心理學之後才出現，是千古以來的教誨，雖然每一代重視的修養方式與方向不同。

有些人在世界上已經很努力、很掙扎地活著，不過，還是內化小時候從父母那聽來的言語，拚命地自我貶低，否定自己的奮鬥。這種做法，不管是對孩子或者對自己，通常都很容易讓人洩氣。

用理性來關愛自己，刻意為之，並化為行動。照顧自己的身體健康，聽清楚自己情緒想說的話，對自己說正向的話，保持人與人之間健康的界線……把理性關愛自己的動作，操作到熟練之後，再去愛另一個人，那就從容多了。

3月4日

## 當好媽媽是志願嗎？

有人從小的志願，就是想當一個好媽媽，尤其是自己的媽媽對自己不好，更希望自己當媽媽之後，能如同自己想像那般，變成好媽媽。但所謂好媽媽，是有條件的，要參考孩子的個性，還有身邊的環境。

沒辦法符合自己心中的好媽媽形象，對某些女性來說，是很大的失落。

換個方式說，我面對的某些孩子，假如讓我帶，我也不會覺得他人會覺得我是個好爸爸。從表面來定義，很多困擾行為多的孩子，花很多時間精力，進步常常只有一點點，「養不教，父之過」的評論難免。

不過，自己的自尊，到最後是由自己定義。因為維持適當的自尊，是讓自己願意持續努力的良好條件。

從心靈成長的角度，媽媽其實很需要多一點內省，認識自己。親子關係不睦，這不是少見的狀況，但並不需要因此否定自己。就算他人如何否定自己，自己只要依然有能力付出，就會有存在的價值。

自己建設好了，才有能力幫忙孩子建設他自己。

3月5日

## 沒必要為說而說

自己一個人靜一靜，是調整情緒很好的狀態。可是，世界上只有你能決定，當你一個人的時候是自由還是寂寞。

兩個人在一起，不是一定得要說話或者做什麼，才能算陪伴。我認識一個朋友，她一定得要不斷地說話，她才會覺得有相處的感覺。可是，話說多了，也會說錯話，也會累。如果真的沒有什麼東西要交流，那也不必然要為了說而說。

兩個人相互陪伴，也可以有另一種狀態。你上你的網，我看我的書，偶爾分享，大部分時間各自輕鬆自在。這種寧靜與安全感，是由內而外，雙方都有相當的人生經驗，以及深厚內在修養的人，比較有可能體驗到。

3月6日

## 別時時刻刻入戲

有時候我們感覺我們自己沒有選擇，是被各種因素緊緊地綑綁著。這些因素有些源自於所謂現實，不過也有很多出自我們自己的想像。試著退一步，抽離開來，別時時刻刻入戲，偶爾當個觀眾，讓自己知道，戲碼有很多種，目前在觀賞的只是其中的一種。

別再把過度完美與理想化的故事，套在自己身上。允許自己從當下開始，一腳一階地出發。

別讓我們因為設定了毫無瑕疵的目標，反而讓自己終究喪志失望。我們自己喪志失望，我們也想讓他人常常有這種感覺。可以了吧，停下來，別再繼續了。

有瑕疵又如何？可能失敗又怎樣？沒有出發，只能留在原地喟嘆。讓別人的眼光變成參考，我們依然可以安安靜靜地扮演好自己，為了自己。

# 沒創意的聽話

父母面對孩子，如果沒有時間陪伴，通常會希望孩子乖乖聽話，不要惹麻煩就好。「聽話，這樣大人才會喜歡你！」這一句是經典。

這種管理上的方便，是用壓抑孩子的天性與活潑，所換來的。父母的方便顯而易見，但是在孩子身上的損失，則要用相對長的時間才能看得出來。

不一樣、多元，這不是民主社會的期待嗎？有創意，能獨立思考判斷，不是許多工作上所需要的能力嗎？為什麼這些好的東西，落在某些父母的手上，是想盡辦法要除之而後快的目標呢？

如果我們不懂得用「欣賞」的角度，去看出這些重要的價值。那麼，孩子的不一樣、創造力、願意動腦思考……，都可能被當成困擾行為去處理。

通常成功的人，都有些不同，或者有特色、能創新，不是嗎？要大家都一樣，那是要孩子變成機器人嗎？

孩子的不一樣，常被我鼓勵。我會特別點出哪些不一樣，似乎對孩子更好，但我也不會輕易否定，似乎造成孩子困擾的不一樣。因為不少發明，常常是在看起來此路不通的狀況下，另闢蹊徑！

3月8日

## 我過得很辛苦！

一位職業婦女，擔負傳統的媳婦角色，打點家務、照顧公婆、養育子女、關心娘家，井井有條，在工作方面也盡心。

她有個傳統的概念，是自己做得到，就不麻煩人。確實，她是做得到，而且本來個性就好強，心裡感覺苦也不說。

很弔詭的是，她這種堅強的形象，這種事繁不亂的能力，受到大多數人讚賞。她一方面感覺有成就感，但另一方面心裡又暗暗地吶喊：「其實不是這樣，我過得很辛苦！」

在一次教會的活動裡，她轉變了心態。這個活動，要她跟先生好好談談。於是，她證實了她的猜測，她先生根本不了解她，還以為她過得很充實愉悅，她先生還說很佩服她。

越是親近的人，常越是高估我們對彼此的理解，這是我常提到的概念，也是跟家庭一起工作的心得。

在《謝謝你知道我愛你》這本書，有一段話，跟各位朋友分享：

「當一個人長久習慣故作堅強，他至少會經歷兩種辛苦：第一辛苦的是，他會忘掉自己也會軟弱，忘記給自己軟弱的權利；第二辛苦的是，別人會忘掉他也會軟弱，忘記給他軟弱的權利。真正的堅強，或許是寧可冒險暴露自己的軟弱，也要追求自己的成長。」

# 讓自己有能力承受

一個成熟的人，可以接納自己，包含被孩子指出自己的錯誤，然後道歉。一個成熟的人，會常常想著學習、進步，而不是原地不動，然後說自己這樣沒有錯，一直在防衛。

孩子長大的過程中，要先有足夠的安全感，有一定的自尊、自信。將來面對這個社會，比較有能力去應對。地基沒打穩，又要一直用地震去搖晃，這大樓怎麼蓋得成？

父母教孩子很不容易，尤其當自己也像個孩子的時候。所以，我常講一些親子教養的概念，與其說是要對孩子好，不如說是父母要懂得對自己好，讓自己先長大再說！

沒關係，慢慢來，長大不見得容易。有時候，了解自己以前還可以用更好的方式被對待，很痛、很難受。這時候，乾脆回頭說自己以前接受過的沒有錯，還比較容易一點。不急，有能力承受了，再往前走。

# 孩子了解我們嗎？

大人都已經很生氣了，孩子還是嘻嘻哈哈，讓大人不知道該氣還是該笑。有些大人因此更生氣，罵孩子「白目」、「不懂得看臉色」，罵歸罵，孩子還是這樣，搞不清楚狀況，實在傷腦筋。

這種情形，先天、後天都會有影響。有些人因為先天遺傳限制，對他人的表情與心情，有察覺上的困難。有些人則因為人際刺激不足，也可能社會經驗不夠，所以互動起來顯得很生澀。

要在這個部分幫助孩子，還是要回到基本面來談。也就是，孩子有沒有足夠的時間，去認識一個人。通常，這個人最好就是父母之一。所以，父母有沒有足夠的時間陪孩子，就成了幫助孩子增進察言觀色能力的重要指標。

孩子了解我們嗎？孩子知道我們對什麼事最容易生氣？孩子知道我們喜歡什麼嗎？我們有教導孩子，當我們正在什麼情緒下的時候，可以怎麼跟我們相處嗎？……

父母本身夠穩定，願意表達自己的思考與情緒，孩子慢慢認識了父母。清楚認識了一個人，便可能用這個人為形象範本，去認識自己，去理解身邊所有人，以及將親子之間的相處方式，推己及人。

不要胡思亂想。你想太多了。你就是懶，散漫。你要自己檢討反省，為什麼別人不喜歡你。自己不努力，理由一大堆。還沒有做就說不會，你怎麼這麼沒志氣。真倒楣，為什麼你不能像別人一樣。我和爸爸（媽媽）都很外向，怎麼會生出你這種小孩。你真沒用。笨死了！白痴！笨蛋！你豬啊！用點腦筋好不好！……

這些話，實在很熟悉。還好，很多我們一起努力的家庭中，這些話已經慢慢絕跡了。想要壓抑、責備孩子，更難聽的話都有。如果平常就在愛的存款裡有豐厚的累積，有些話，偶爾脫口而出，不會太嚴重。使用溫柔的語氣、關心的態度講，有些話，也不是那麼罪不可赦。

但是好聽的話沒幾句，難聽的話一大堆，那麼，這種每天每天的傷害，就有可能讓小傷口變成大黑洞。

最後這些話，會被內化到孩子心裡。而且很有可能，再傳遞給孫子。

同理與鼓勵，可以取代以上的口頭禪。要花一點時間練習，需要多花時間的原因，是因為不是只有話術，而是連更基本的態度也要調整。

這些話，讓我們放在心裡警惕。

3月12日

# 情緒多的人不一定不好

情緒來了，不急，給情緒時間，別給情緒壓力。平常我們就先做好心理準備，什麼事該怎麼做，多在大腦中想幾遍，寫下來也可以，就比較沒那麼容易被情緒牽著鼻子走。然後，練習靜心，試著跟情緒保持疏離。有空也可以試著轉念，挑戰我們的信念，讓理性多幫我們一點忙。

在一個很有情緒的人面前，我們也可以學習靜心來應對，因為我們的情緒常會相互激盪。也一樣，不急，給對方平復情緒的時間。很多事，最後是要等到情緒穩定一點再來談會好一點，是比較沒效率沒錯，但總比互相傷害，或者衝動做決定，要有效率許多。

情緒本來就可以當成一種成本，同樣一件事，一個人要花很多時間精力克服自己的緊張，另一個人卻可以輕輕鬆鬆準備，每個人因為自己的情緒狀態所花的成本本來就不同。一個情緒化的人，在某些事上，需要比一般人更大的努力，才能完成。

我常接觸情緒，知道情緒的美妙，情緒跟我們做事的動機，息息相關，不是情緒多的人一定就不好，而是要看身處何種情境。

3月13日

## 跟孩子的理智講道理

開學兩周，孩子的情緒像沸騰一樣。我聽著他的描述，看著他跟媽媽的激烈互動，心裡嘆了好幾口氣。

他是一個容易害怕的孩子，然後遇到種種的事，再把害怕安放其上。在我看來，他是先有心情再有事情，可是，他卻認為，自己是遇到事情才有心情。

媽媽很努力，嘗試著跟孩子講道理。我跟媽媽討論，其實，我們不是要跟孩子的情緒講道理，是要跟孩子的理智講道理。

一個人正在被強大的情緒襲擊，又要被強迫聽進道理，有時候那是壓力。

我們互動的對象，是他的情緒？還是他的行為？還是他的理智？

情緒、行為、理智，每一個都是孩子，也都不全是孩子。情緒可以同理，行為可以規範與鼓勵，理智可以說理，對孩子整個人，則用愛與關懷。

情緒跟生理層面有關，所以適量運動、規律作息、營養飲食，那要注意。然後，小心落入情緒角力的陷阱，在經過情緒角力被壓制之後，因此通常就更容易在日後感覺害怕。

照顧孩子，也要拿來照顧自己。時間分配要平均，時間都給孩子，然後自己心裡亂糟糟，不會比較好。

孩子有情緒，我們不必每句話都回應。也可以靜靜地，與孩子跟自己同在，既不沾染情緒，又一直在身旁陪伴。

# 愛情如何悄悄到來

我跟年輕朋友談到愛情這個議題的時候，會從友情來談。能相處比能相愛，要難多了。能和諧相處，愛情就可能悄悄到來。

相處，常要學會怎麼面對彼此的負面情緒，認清我們面對的是誰的課題，不是我們自己的課題就很難施力。互動頻繁界線就容易模糊，干涉與控制就會莫名現身，需要辨認它們，需要重新站回彼此的位置，再次展開互動。

相處中超級難的部分，就是懂得修復關係。有時候是價值觀有落差，有時候是情緒不小心衝撞了，有時候是現實壓力讓關係產生裂痕，能求同存異，又能讓情緒保持相對穩定，不再累積傷害，那實在是考驗了ＥＱ的核心能力。

此外，我們願不願意在關係中給予許諾，讓彼此相信，放棄是不太容易發生的選項，是相處的元素之一。光是給予承諾，有些人就給得太輕易，但一遇考驗就退縮，影響雙方的信任；有些人就是給不出承諾，因此讓關係踩在一個不穩定的基礎上。

然後，在關係中久了，便能明白，自己如果難相處，就比較難找到好相處的另一半。自己對自己的不滿，常用某種形式，透過關係中的困境，讓我們知道。所以，兩人要長久相處的其中一難，是跟自己相處。

## 我們的心念便成世界

孩子告訴我，學校有個同學很「智障」，很喜歡拿別人的東西。可是，他常常覺得別人會拿他的東西，都會嗆「你是不是拿我的東西」，根本就沒有好不好?!

我稱讚她觀察細膩，這是一種人性：自己做壞事，就覺得到處都是壞人。可以延伸的還有，自己不信任別人，也覺得別人不信任他；自己愛對別人生氣，也覺得別人喜歡對他生氣；常占別人便宜，也怕別人占他便宜……

我個人覺得，所謂「現世報」，在心理層面是成立的。我們內心常動盪不安，那麼外在世界也不太可能平靜無波。我們有什麼樣的心念，便可能幻化成那樣的世界。

喜歡算計別人的人，也非常容易被算計。常講人是非的人，也常惹是非上身。

所以我對他說，他罵別人「智障」，這件事如果當著別人的面罵，對他不好。因為常罵人的，也常會被人罵。

3月16日

# 抗拒改變的力量可以如此強大

我喜歡跟孩子們聊天，至少，我可以確定他們的認知、語言、心智理論能力……可以因此提升。但是對某些大人，坦白說，可能聊了好幾年，話題都重複不變，不去行動，成長都有限。

我看過一個案例，一位專業的心理治療師，跟當事人談，花了三年的時間。結果，當事人還是停留在抱怨他人的階段，只要一講到自己要努力的部分，就會當作沒這回事，或者有一搭沒一搭。三年，光是心理治療的費用，都可以拿來生活幾個月了。

一個成人，抗拒改變的力量可以如此強大。

所以我喜歡孩子，因為他們的可塑性高，陪伴他們長大，就算辛苦，常看著他們的成長也感覺值得。

他是真的想要跟家人重建關係，但是發現有點「回不去了」，長久建立的互動模式似乎沒辦法改變。他突然問我，該怎麼辦？

他一邊講他的狀況，我就一邊想到德蕾莎修女的一句話：「愛就是在別人的需要上，看見自己的責任。」

換個方式來說，他以前似乎沒有盡到他的責任，家人的需要被他忽視冷落了一段不短的時間。那麼，家人現在也都找到各自滿足自己的方式，反而現在是他找不到回家的路。

每個人，或多或少對家庭都有些責任。有些事，不是得要等到家人明白交代了，要時時提醒，甚至拜託，才算出現在我們的責任範圍。有時候，是我們想要親密到什麼樣的程度，我們的責任就到了那樣的範圍。

我請他注意，家人有沒有什麼需要，他能幫得上忙。記得，要用尊重而不壓迫的方式，觀察與詢問。還有，慢慢來，不是自己想回頭，別人就得給足面子。

很重要的是，家人有拒絕他的好意的權力，這點他得做好心理準備。沒這樣的心理準備，想到被拒絕就會生氣，面子掛不住，甚至會想傷害人，那還是在短時間內別嘗試得好。

# 用演的情緒勒索

有一次，我聽一個家長描述，她為了讓孩子早一點寫功課，開始用「哭」這個手段。她一直以來是先用罵的，罵到孩子皮了，一時之間不知道怎麼了，可能是生活壓力也大，就默默地在一旁流眼淚。孩子看到了，不動聲色地，節目看完之後，關了電視，就自動開始寫功課了。

這似乎讓家長，有一種找到新方法的感覺。我當時沒辦法就這一段分享討論，那時候警覺性也不夠。事後想想，如果媽媽之後持續使用這樣的方式，來要求孩子，那也許就是情緒勒索最開始的樣子了。

使用負面情緒作為手段，本身就有副作用，那是要權衡的。像是責罵、體罰，或者使用情緒勒索，其實要付出的代價，說不定比不寫功課來得嚴重。如果這形成了慣性，讓人煩躁的家庭氣氛成形，那實在得不償失。

尤其是情緒勒索，那是眼淚與怒氣，交替著練習。好像演員一樣，練久了，就能十秒流眼淚。然後大腦裡面，不斷地刻畫著、烙印著負面的想法，入戲的時間一長，那會把自己原本的樣子也忘了。

3月19日

# 當我們跟對方站在同一面

理解對方，不是就非得要跟對方和解。理解、諒解、和解，三個步驟的實施，各有其目的性與使用的階段。

當我們覺得對方壞透了，雖然跟對方不再互動，但對對方的怒氣，干擾了我們的生活，我們就可以藉著理解對方的不得已，在心理上寬解自己，讓自己不要再被這種人影響，真是莫名其妙苦了自己。多一種方式來說，我們痛苦的時間，是不是比跟對方相處的時間還多？這值得嗎？

要理解對方為什麼那麼「糟」，可以從對方的生長背景以及人際關係，去找一些線索。然後，調整一下思考方向，雖然對方對我們來說，是「壞人」，可是對他自己來說，是「好人」。我們從他的角度去想，他是用什麼方式對自己好？他的目標達到了嗎？

當我們跟對方站在同一面，然後在心理上，試著想像對方曾經是個小孩，從小孩慢慢長大的過程。對方也只是被種種力量而決定，那些都是不得已，而有這種扭曲的表達方式，造成大家都不高興。

我們在情緒上，能藉此多些包容，然後減少我們自己的負面情緒，過好我們的生活。隔著一段距離，有時候像看默片一樣，只留下影像而沒有聲音，對方依然昏沉，而我們有機會清醒。

3月20日

# 我所能想到的最明智的選擇

我們常會遇到，比權勢、比關係、比資源、比財富、比背景、比大聲……而不是針對事實，就事論事的人。這時候，我們可能要委屈接受某些對長遠發展不利的選項，即便是對方，可能也清楚這一點。

這時，與其說「被迫」接受，不如這樣思考「這是在當下，我所能想到的最明智的選擇」，所以「自己決定」暫時接受並執行這樣的選項。給自己一個思考上的轉圜，可以讓心情留下一些餘裕，也可以讓未來的行動更加自由。

一直想著自己是「被迫」的，很容易讓自己陷入無力、無奈，自己讓自己感覺別無選擇。這時候，就是用理性去應對，別跟自己過不去。有時候，我們就是一股氣，明明形勢比人強，我們還是會採用玉石俱焚的方式，來跟對方拚了。

有時候，被迫去執行自己不想做的事，會有一種「我輸了」，而對方贏了的感受。我們可以換一個方式想，誰贏了並不重要，重要的是，「經過我審慎的思考，目前這樣做，對我的損失最小」。

重點不在我們想不想做某件事，而是我們該不該去做它。如果經過思考，這是個明智的選擇，對我們好處最多，或者壞處最少的選擇，那我們就去做，即使自己不是那麼想做。

3月21日

# 排除空虛感的方法

家事如麻，一天又忙過一天，像陀螺一樣打轉。很像做了很多事，又很像沒做什麼事，那這時候空虛感就容易出現。

要排除空虛感的方法之一，就是搞清楚自己到底做了什麼？然後為什麼要做這些事？結果怎麼樣？有沒有可以調整的地方？

給自己排個空檔，想一下，昨天或今天，到底做了什麼。如果可以，寫下來吧，這樣看得更清楚一點。然後問自己，做這些事的理由是什麼，還可以用什麼不同的方式做。

如此，生活就不是只有公式，還有實驗跟創新。我們的努力要先被我們自己看見，然後找出意義，讓我們自己清楚，很多事是我們自己的選擇。我們自己選擇的付出，比較有可能變成一種享受，樂在其中。

3月22日

# 理解能讓我們更靠近一點

新時代本來就會有新語言，不習慣常會造成不喜歡。網路時代的語言，常常過於直接，常有挖苦、嘲諷。像現在網路霸凌頻傳，有好幾個新聞裡的當事人離開這個世界，跟這個現象有關。

不過，這非單獨靠父母之力能阻擋。與其不看、不聽，或者只是排斥、嫌惡，不如用比較正面與健康的態度面對。真的不懂，就直接問孩子：「請問8＋9是什麼意思？」說實話，有時候父母罵孩子的話也不見得好聽。「垃圾」、「人渣」、「敗類」、「腦袋裝大便」……這些上一代會使用的語彙，以及閩南語常用的三字經與國罵，其實不見得文雅到哪裡去。

不同世代相互否定，某種程度上，會在親子衝突中展現。理解能讓我們更靠近一點，仇視只會讓我們更疏離。

## 平淡生活的智慧

「婚姻是一座圍城，沒有結婚的人，拚命想擠進去，結了婚的人卻拚命想向外爬。」

她引用了這段話，來描述自己的心路歷程。她本來結了婚，後來因為不適應夫家的文化，覺得有被騙的感覺，很快就抽身了。

不過，她很遺憾，沒有生小孩，可是又覺得，還好沒生小孩，狀況比較單純，要離開也比較快。她之所以遺憾，是因為她看到小孩會「流口水」，尤其是看到她好姊妹的小孩，看到那粉嫩的小手小腳，就很想「啃一啃」。

她是真心覺得，單身很好，她有工作，生活安穩。可是，她說，所有的時間都可以給自己用，要能過著平淡、平凡的生活，而不覺得身心煩悶，其實要很有智慧。自己的心沒有修練好，怎麼樣都不好。

# 超級易碎的玻璃心

這位阿嬤負能量強大。

有時候，明明講話的人，是在稱讚她，像是「今天比較有精神喔！」她就會說，是不是之前都很沒精神？

講好聽，是多愁善感。講難聽一點，或許阿嬤本身不太會處理情緒，自苦是她一貫用來生活的策略，藉此減少些壓力，或者獲得一些關心與注意。

像是要她住院做健康檢查，她就會說：「你們是不是詛咒我早死早投胎？」

這時候，旁邊的人再怎麼解釋，已經沒有用了。那朵厚厚的烏雲，她一旦召喚過來，就別想要短時間輕易散開，旁邊的人也會一起活在打雷閃電之中。

像這樣的人，誰敢跟她講真心話？

講得明白一點，她很難獲得美好而深層的信任關係，這讓她更容易用負面的角度看待關係。她這種超級易碎的玻璃心，誰都怕不小心碰到，就會瓦解，莫名其妙就好像犯了滔天大罪。

當事人沒有自覺，沒有好好探索自己，沒辦法接納與放鬆，旁人要幫都不容易。這時候，關心她的人，有能力多照顧自己一點是一點，這樣才有心力，再小心翼翼地維護關係。

玻璃心、太過敏感，要懂得肯定自己的好，包容自己的不好。趁早練習，能有勇氣，活得輕鬆自在一點，也讓別人好接近。

# 最好的朋友還是要「有話不談」

她說：「最好的朋友，就是可以一直聊天，無話不談，不尷尬、不停頓……」

我心裡想，如果真有這樣的朋友，好像不錯。可是，一直聊天，我猜，大概一個月內，該講的話也都講完了，彼此的身世，恐怕已經細膩到進入潛意識層次了。

不過，我猜這個朋友，最接近的人，也只能是自己了。

假設真是最好的朋友，我建議，還是要「有話不談」。什麼話不談？敏感的話題不談。朋友之間能任意高談闊論，那是沒戳到對方痛處。痛處被戳到了，別說是對方，當事人自己就先講不下去了。

「敏感」，換個方式來說，也跟情緒有關。譬如政治的議題，便淤積了許多情緒在其中。期待能有無話不談的朋友，自己卻不好相處，要能找到的機率就不高了！

過於美好的想像，常是幻想。但是我們用幻想來困擾自己，像是得不到最好的友誼而落寞，就變成了胡思亂想。

與其如此，不如好好學習如何跟人聊天。聊天自有其節奏，聊天之前，先想想對對方來說，什麼話題相對安全。真的想不到，寧可不聊，表面上打打招呼，有需要時互相幫助，也是一種互動。

3月26日

## 如果父母自己不喜歡學習

我們是誰，比我們刻意教孩子什麼，還更重要。因為我們是親子關係的起點，我們的樣子，會呈現在孩子面前相當長的時間。

所以，只想要孩子成為我們理想中的樣子，而我們自己不用，那就說不太過去了——尤其是很多內在的特質，那些操之在己的部分。

外在的部分，當然跟時空環境有關係。譬如，上一代偶爾就會說，「我們那個時候沒有機會，你們現在機會這麼多，可以上大學、可以補才藝，就要認真學」。

不過，喜歡學習這件事，也可以是相對內在的部分。如果父母自己不喜歡學習，要孩子變成喜歡學習，本來就比較費力。

而且，如果我們真心認同學習是一件很好的事，那為什麼當父母的人自己不去做呢？嫌煩、嫌累嗎？那孩子就不煩、不累嗎？

這是身教的老觀念，不過，要做到不容易，因為牽涉許多自我成長的努力。而且不只是做給孩子看，應付應付而已，是自己要真心認同，然後付諸行動。

3月27日

# 有雅量讓對方做「真實的他」

我認識一位朋友，對人事物常預先有期待。但很顯然地，世界不是以她為圓心來運轉，所以這些種種期待，常以落空收場。

有時候聽她講話，特別講到人，真是讓我大開眼界。誰誰誰應該有什麼反應，誰誰誰又該有什麼情緒，結果都不如她所想，都是這些人不對……

我常想，她感覺被傷害，這源頭不是大多源自於她自己嗎？不是都不能期待，期待是人性的自然反應。而是她的期待很多，越多就越難實現，期待的對象都是他人，但是她可以簡簡單單做自己就好。

一個人要快樂，常不能忘了學習，學習也包含調整自己。如果不想調整自己，想做「真實的自己」，那也要有雅量讓對方做「真實的他」。平等、尊重，通常比較可能有好關係。

如果非常希望自己可以隨心所欲，那麼，其實單身獨處也沒那麼不好，更自由自在，不需要在關係中牽扯。以愛為名把對方綁住了，通常自己也不會輕鬆的。

3月28日

# 最美的關係，通常是雙方都有健康的自我

最美的關係，通常是雙方都有健康的自我，能彼此照顧與被照顧，這時候關係中的情緒壓力比較小，安全感也足夠。孩子的自我雖然還在成長中，主要以被照顧居多，但孩子也需要一個健康自我的榜樣，所以孩子得藉著這個榜樣，學著尊重人，也有自信要求別人給予尊重。

那麼，保護自己很重要，不能被孩子欺負，那是人與人之間的界線，即使親如親子。更不能自願讓孩子欺負，孩子需要一個堅強的形象，來感覺自己安全。「媽媽」這個形象，通常可以溫柔，但也同時非常堅強。

所以媽媽可以溫和而堅定地，要求孩子，但不忘回應孩子的需要與情緒。這並不容易，但是可以嘗試與練習，而不是一下就棄守，乾脆由孩子來主導就好。孩子沒我們的人生經驗，孩子的事，未成年之前，部分他可以自己決定，當作練習，但孩子年齡越小，越需要媽媽把關。

媽媽要先重視自己的價值，孩子比較容易學到感恩，也學到尊重自己，尊重他人。

# 學會懂得欣賞他，而不是控制他

「如果你一直想要改變一個人，那你是真的愛他嗎？」

我自己的體驗是，如果真的是愛一個人，大概是我學會懂得欣賞他，而不是控制他。不過，我對於「愛」這個字，用得比較慎重，因為對我來說，不是每個人都懂得愛人，甚至不是每個人都懂得愛自己。

有的人，一直被自己的缺憾困住，又不見得願意好好正視自己的缺憾，卻又用無效與徒勞的方式掙扎。他們口中的「愛人」，常常是把他人一起拉進他們的缺憾裡。

自己不想改，所以改別人。控制不了自己，所以控制他人。這些舉動常被包裝成愛，但其實少了很多愛裡面經常有的，溫暖與關懷。這樣的愛，常常掛在口頭上，而不見得真的放到了心上。

不過，那也可能是沒被好好愛過，把缺憾傳承而已。有多少人，能好好地經歷過一次無條件的愛呢？

3月30日

# 過得好的人，才有資格祝對方幸福

協議離婚後，她不想拿先生的錢，兩袖清風地，開始了新的生活。住在娘家，找工作，把自己安頓好。先讓自己更好，遇到更好的人，碰到更好的事。將正面的循環建立起來。

不知道為什麼，她覺得一件好事來了，另一件就會跟著來。她的前婆婆開始問她可不可以多一點時間陪孩子，孩子生病的時候可不可以幫忙照顧，她開心的不得了。

連她前夫跟她講話，都變得比較客氣，還會說謝謝。她發現，這時候，她是真心祝她前夫幸福，她前夫幸福，她的孩子會更幸福，這樣很好。

今天，如果她沒讓自己過得好，真的沒這樣的心量，如此灑脫、正向。她曾經動過念頭，想要以傷害自己來報復，但是她現在覺得自己很傻，她認同那句話：「最好的報復，是讓自己過得好！」

她覺得，她其實愛著她的前夫。但是她明白，愛有很多層次，她的愛已經昇華了，不需要回到關係裡證明什麼。愛你，希望你得到幸福，這個境界，竟然是讓她重重摔下的前夫，讓她體會到。

她越想，嘴角越是上揚。原來，過得好的人，才有資格祝對方幸福，祝福對方得到幸福，自己也會變得比較幸福。

3月31日

## 聚焦在管好自己，日子真的輕鬆很多

「課題分離」這個主題，真是百看不厭，每次都有新想法。簡單來說，如果行為的後果，主要是當事人承受，不會妨礙到別人，就屬於他的課題。屬於他的課題，我們就不去干涉他，如此，會少了很多人際關係的困擾。

是啊！這樣想，是真的少很多困擾，可是，做不做得到呢？

尤其是我跟家庭工作，那種管到海邊去，管到奈米世界去的狀況，會看得比較多。講實在話，很愛管別人的人，真的比較不快樂。

「管」這個動作，通常背後會看到很多害怕與焦慮在驅動著。

管得多，就會管不好、管不動，管到大家壓力很大，可是還是煞不住車。小到生活習慣，大到個人價值觀，都是可以管的範圍。這樣怎麼管得完？這樣怎麼能夠回過頭來，把自己的生活過好呢？

我大致上認同課題分離這個概念，所以我沒有多少能力去管別人，很多事只能點到為止，我勉強能管好我自己就很了不起了。聚焦在管好自己，日子真的輕鬆很多，情緒也可以相對穩定。不過，我認識一位天才，他說過，他之所以管別人，是先下手為強，化被動為主動。只是，這樣的情緒角力，到底要持續到什麼時候啊啊啊啊啊啊啊……

# April

# 想講心裡話，要先看關係裡有多少信任

遇到其實不太熟，但又一直跟我們講心裡話的人，其實我們會緊張。他到底想幹嘛？會不會是要我們幫什麼忙？要講多久？要怎麼不傷和氣地打斷他，告訴他其實我們等一下還有其他的事要做？

遇到惡意的對象，藉著我們說過的話，背叛、中傷，這大概是很多人的共同對象。可是，就算對方是值得信任的人，他當時的狀態，也不見得接得住我們的心裡話。

在講心裡話的時候，我們越投入、衷心，我們越是讓自己進入一個敏感而脆弱的狀態，這時候，對方不知道怎麼回應，或者狀態沒那麼好，閃神、疲憊，我們可能就因此把負面的能量，投射在對方身上，可能變成關係中的裂痕，或者是一條從此難跨越的鴻溝也說不定。

不知道各位有沒有一個經驗，有個人突然對我們講了很深的心裡話，但沒多久之後，就聯絡不上他？或者就算第二天見面，像是什麼事都沒發生過一樣，關係突然變得疏遠？

要講心裡話，真的要看彼此的信任關係有多少。因為耐不住心中的苦悶，隨意講了心裡話，結果反而是自己防衛了起來，拒絕進一步的探問與關懷，這也是會出現的狀態。

4月2日

## 老人家的人生功課

老人家也要成長，我最近跟一個專門給銀髮族聽的廣播節目連線，也提很多這樣的概念。過自己的生活，照顧好自己真的很重要，比對年輕人的事瞎操心，對年輕人更有幫助。

要花時間學習，而不是陳年舊事一直提。有些年紀大的老夫婦，常幾個老話題輪流吵了幾十年，真是把大家的人生都困住了。

有些中年人要花不少時間，才能體會到，老人家的人生功課，要留給他們自己去學習。這種事情，即使是成年子女，也不一定能有效介入。這時不管，真的不是不孝，讓自己心情平靜一點，反而更有能量去傾聽。能傾聽，對老人家就很有幫助了。

其實，年紀大的人，也是會被寵壞的。被寵壞的人，不見得過得好，情緒都要靠別人照顧，那就不由自己。

不是真的不能對老人家期待什麼，如果我們的能量夠，不因期待失落而感覺委曲、勉強，知道老人家可以改變的空間不多，真心體諒，那是很美好的狀態。

4月3日

# 孩子的笑臉慢慢綻放，像慢動作重播一樣

「為什麼會有人做這樣的事？」、「如果發生在我身上該怎麼辦？」、「萬一我養出了傷人的孩子……」

那幾天，不少朋友的心靜不下來。鬼打牆一般的想法，不斷地繞，又像壞掉的播音機，關都關不掉。這些想法不斷重複，恐懼停不下來，媒體是幫兇，其實我們的大腦是主謀。

有時候，這些想法的重播，其實像是我們自我強化，好像在練習提取它，速度越來越快，記憶越來越牢固。那麼，不要去想它，既然效果不大，那我們就用另一種方式，多想生活中其他的事。

像是我今天注意觀察孩子的笑臉，孩子從視線對到我的眼睛開始，然後慢慢笑開，像是慢動作重播一樣。我認真地看待孩子的笑臉，笑臉在我腦中就會停留久一點。

孩子今天吃了好吃的東西，非常投入而愉悅。這些引發正面情緒的感官刺激，雖然淡，但細細品味，久嚼回甘。

淡一點好，有益身心健康。看不淡、靜不來、睡不著，幾日皆如此，強度沒減輕，那要找專業人員諮詢會比較好。

4月4日

## 妳把該怎麼扮演妳自己，都給忘了

親愛的妳：

這次我聽妳講話的時候，我看妳的眼神、看妳的肢體動作，強烈地感受到，妳好像在告訴我，「請可憐可憐我」。失去了一段妳在意的關係，好像妳把該怎麼扮演妳自己，都給忘了。妳好像要在一個關係裡面，才懂得怎麼活。好像要在一個關係裡面被肯定，才知道自己的價值。

會愛成這樣，或許是在妳進入關係之前，就不滿意自己。一個人要滿意自己的存在，才會適當地讓關係，增添彼此的人生情趣。

當一個人不滿意自己，就會希望對方來彌補，不管有意還是無意。少數情況下，對方能做得到。大部分情況下，對方還是會優先滿足自己。

我跟孩子們互動的時候，我常鼓勵孩子為自己努力，我常告訴孩子，我很喜歡孩子的存在。孩子的存在，就足以讓我高興，不需要他刻意滿足我的情緒，才會讓我開懷。

我是抱著這樣的態度，跟孩子們相處。我希望我再看到妳的時候，妳能告訴我，妳把自己照顧得很好，對於新的關係，妳已經準備好，有也好、沒有也好！

## 忍耐不等於壓抑

跟孩子討論最近他的心情，孩子說：「買積木，還要我自己出錢，覺得很奇怪！」

我澄清孩子的講法：「你的意思是說，『連積木配件這一點小錢，也要你出，你覺得很奇怪，是這樣嗎？』」

孩子點頭，我繼續同理：「所以，你是不是覺得媽媽有點小氣？」

孩子說：「對啊！」

同理，是針對情緒本身，至於孩子的想法，我們不見得是全然認同。同理，不等於認同。情緒被好好探索了一遍，就可以進入說理的階段。我問：「那你覺不覺得，你媽媽為了家裡的開銷精打細算，對家裡是一件好事?!」

孩子點頭：「我知道！」

我半同理半說理：「雖然你覺得媽媽小氣，但你知道媽媽是對的！」

孩子靜靜地聽著，我繼續說：「為了對的事情，有時候我們要忍耐一下！」

我之前跟孩子們討論「積極的忍耐」，為了當場的狀況，或長遠的好處，我們要實施一些作為，別讓情緒打亂我們的節奏。像是轉移自己的注意力，或者放鬆，都可以增加自己忍耐的時間。忍耐不等於壓抑，這點要分清楚，才能找回忍耐對我們為人處世的好處。

4月6日

# 爸爸形象不一定要經營到堅強無法摧毀

最近聽到一個講法，當一個好爸爸，要懂得謙虛。

我實在認同這個講法，但是實際的狀況，落差太多。多少父親，想要經營出一種形象，好像自己不會犯錯，聽我的就對了，堅強無法摧毀的形象。

當一個人坦承，自己也會犯錯，有錯當改，才能讓自己成長，這才有機會，不斷修正自己跟孩子的互動。而不是一套走到底，親子互動陷入僵局，就怪罪孩子。

我知道一些爸爸，勇於自我修正，鼓勵孩子有不同的思考。與其說親子，更像朋友，孩子從小知道爸爸也會犯錯，只是錯得可能比自己少，自然而然學習體諒與包容。

謙虛，能夠放下身段，聽聽孩子的想法，即便不見得成熟，但找出孩子言論中值得重視與肯定的部分，孩子的思考才有越來越流暢與精煉的發展。

## 安全感由誰來給

是她提出分手的，但說不定最難過的是她。原因是，她真的沒辦法接受男方的家庭，即使她感覺還有愛存在。

只談關係，她是滿意的。男友是好人，但是一個好人，不見得能當好丈夫、好爸爸，因為可能跟好兒子、好員工的角色相衝突。她的害怕，不是沒有來由，因為他很可能沒辦法解決角色之間的衝突，然後自顧不暇，突然把她遺落在孤獨的境地。

講到婚姻，她是非常掙扎，像心懸在半空。

我只能說，有些事想不清楚，暫時轉換關係的形式，也是可以的。有時候退一步看，才能看到全景；有時候轉身，才能看到另一片天空。

關係是有生命的，我們在進入關係的時候，常無法預期關係的變化。即便我們看起來做了一些決定，這些決定背後相關的事件與情緒，也並非全然操之在己。

就算只是朋友，有些人還是能給我們厚實的安全感。

從男女朋友變朋友，這一點，在考驗著彼此。那安全感啊，是在我們碰到挫折的時候，不會感到寂寞的重要養分。背後總有個人撐著的篤定，那不是最激烈的浪漫，卻可能是一生的渴求。

那是有伴的感覺，有了這種感覺，是朋友或是情人，只是形式而已。

4月8日

## 真正的好友，有一個就要當作寶了

在社交場合，說自己的不好，來突顯他人的好，這是常見的安慰人的方式。對他人討厭的對象，偶爾補個幾句嫌惡，同仇敵慨一番，算是支持朋友的情緒。

會做人的高手，當著人的面，即使聽出他過分的地方，最好是講講善意的謊言。頂多就是用開玩笑的態度，點一點他，然後請他不要當真。被點到的人，如果有點生氣了，那就再把對方討厭的人，多嫌個幾句，講講「公道話」，把氣氛再扳回來。

但是，如果是在人後，那就不用顧忌了。難聽的話講個痛快，然後彼此約定，「你不能跟他講喔！」、「千萬不要告訴別人！」

現代功利社會，人際關係真的很淺薄。想交朋友，第一件事，就是要先學習別得罪人。要想不得罪人，真心話就要藏起來，善意謊言要練得溜。

關係如果真摯一些，那也要看關係說話。關係夠了，真心話才能出口，但是真出口了，就要怕失去朋友。

「益者三友，損者三友：友直、友諒、友多聞，益矣；友便僻、友善柔、友便佞，損矣。」我想說的很多話，好幾千年前就被聖賢說過了。可是，在現在的社會，如果用這個標準來淘汰朋友，大概就沒剩幾個了。

沒剩幾個，也好，少一些人情糾葛。真正的好友，能有一個，那就要當作寶了！

## 4月9日 懂得讚美孩子之後，比較能原諒自己

他的困難，就是「不會說好話」。因為我請他試著鼓勵與讚美孩子，可是他試過之後，他覺得自己沒辦法，有心理障礙。

他有一句形容自己的講法，更毒辣，叫做「狗嘴吐不出象牙」。

所以，相對於自己以前的個性，他覺得他已經對孩子很寬容了。「如果是我爸，早就把他（指孩子）電得吱吱叫了！」他非常肯定地說。

我跟他分析，負面眼光，從他爸傳到他身上，他希望繼續傳遞下去嗎？有什麼好處？有什麼壞處？

他想想，還是不要好了。他想要孩子用另外一種方式生活，聽別人說，好像正面一點比較容易快樂，不知道是不是真的?!

我跟他說，我們做實驗，又不是以後永遠都要這樣，一點都不能改。試了才知道好不好，才有得比較。

然後他覺得，自從讚美孩子之後，他也不會把自己的錯誤看得那麼嚴重，比較能原諒自己。他體驗到，以前真的是自己把錯誤放大了，沒什麼必要。

我恭喜他。他還是怪我，沒早點用最簡單的方式教他，害他浪費時間！

我跟他說：「來，下次的作業，就是要學會讚美心理師，回去練習，感情要投入一點……」

4月10日

# 把難題想得太大，自己困住自己

我們常被困境難住的原因之一，是把難題想得太大，或者不知道從何下手。尤其是人與人之間的互動，關係疏遠了，也不是靠什麼ＳＯＰ，就一定可以重新甜蜜。

我們現在可以做什麼？

這是我跟朋友們互動的時候，會用到的問句。大致上討論的方向，就是根據我們的目標，試著思考可能的方法，然後抽象變具體、化整為零，一天能有幾個小時能夠完全空出來，我們就用這幾個小時能做什麼來談。

有時候，一天也就不到半小時的時間能用，但還是可以試著做什麼，至少有個開始，比較不會瞎操心。

利用行動，讓我們找回一點掌控感。如果事情能改變，那就針對問題本身下手。如果事情不能改變，就先從讓我們的情緒冷靜開始也行，畢竟冷靜的頭腦，在看事情時會比較清醒。

如果我們不能分辨，到底事情能不能改變，可以請教信任的人，或者也可能透過閱讀來幫助我們。

化整為零的概念可以常放在心裡，起頭雖難，只要想成一次先完成一點點，有時候再完成後續，會有想像不到的順暢。

# 我們不必為了工作赴湯蹈火到犧牲自我

我們希望從工作中得到什麼呢？有一些跟自我的心理層面有關的事，需要思考。我們能不能更深一層去探看我們的「存在」（being），而不只有我們到底做了什麼事（doing）。

尤其一個人慢慢進入中年，那種內外交迫的中年危機浮現，會讓人更是躲到工作裡。所以可能一方面對工作產生強烈的倦怠，另一方面又感覺自己離不開工作，需要一個暫時棲身之所。

保持忙碌，會讓自己有被需要、被認可的假象。然而，等到生病無法工作，或者離開職位的那一天到來，不管是被裁員或退休，假象就會破滅，看到那種「生活無能」的樣子出現。

有些朋友，會以「這份工作沒有我不行」的想法，來合理化自己維持長時間工作的行為。或許岸見一郎先生的一段話，可以讓我們退一步，重新審視我們所處的位置。

「看清事實、承認別人可以取代自己的工作，或許是很困難的事，但只要認清這個事實，就會在肩負這份工作時，了解到我們不必為了工作赴湯蹈火到犧牲其他人生重要課題的程度。」

4月12日
覺察壓力

她跟我談到，開始做一件事的時候，真的不覺得有壓力。可是做了幾個月，開始身心不適，輾轉到身心科，才知道自己是壓力過大，導致呼吸不順，心跳過快。

其實，壓力會因為已經習慣了，而不好覺察。能覺察，才有後續的行動。行動不見得很難，譬如，覺察自己壓力大，就讓自己步調緩下來，多出外走動，就會有紓壓的效果。

但是她的狀況，就是單純靠自己，一時之間覺察不到，一定要累積到某些症狀出現，才會發現。這時候，就需要靠自己身邊的人幫忙。

壓力大的反應，每個人不同。有些人會一直碎碎念，很不耐煩，有些人反而是一直不說話，問他話也很少回應。

每個人處理壓力的方式也不一樣，有些人甚至根本就不會處理壓力，只知道一覺醒來，明天就會比較好。那這種人只要遇到失眠或睡眠品質不佳，痛苦就會比較難承受，最後只好依賴藥物。

她之所以有壓力，細究其中原因，是她希望快速賺錢，但她並不喜歡那樣的工作環境。可是她的能力，讓她勝任工作的要求，是沒什麼問題，而且把時間都給了工作。

做沒有意義的事，就算暫時快樂，也很快就會感覺空虛。說不定，一邊快樂著，一邊正感到空虛。因為感到空虛，所以拚了命地從外在找肯定，像是從工作中獲得成就感。

## 傾聽是一種主動的理解

「妳說的每個字我都知道它的意思，我還能背給妳聽，我是哪裡沒聽懂?!」

這是一位男性朋友的抱怨，他的伴侶，老是說他不懂。可是他很困惑，他也覺得他絕對有誠意去面對，但就是雙方的頻道接不起來。

其實「懂」這個字，常包含「事情」跟「心情」，所以在溝通上，有些人認為自己已經把「事情」聽清楚了，就可以算是聽懂了，造成雙方在認知上的差距。

傾聽，這其實是一種主動的理解，而非只有被動的接收。也就是，我們要有某種程度的好奇，針對我們不清楚的地方去詢問對方相關的事實，以及對方的心路歷程。

再講究一點，連對方曾經試圖用什麼方式面對自己的困境，都在我們了解的範圍。而且這個交流的過程，常要以問句跟對方確認，自己的理解是否有誤。

事情跟心情都確認過了，再把自己的想法，或者分析與建議提出來，會讓人感覺比較有誠意。有些人要感覺被理解，得要有這樣一番互動，才會感覺到雙方產生連結。

也不是什麼生活小事，我們都要這麼用心面對，這對忙碌的現代人來說，真是太累人了，也不太可能。不過，這種能力平常就要找時間練習培養，想用的時候才能用得出來。

4月14日

## 我們不見得認識長年相處的對方

別以為每天都見到面，就會知道對方在想什麼。有些情感沒有交換，有些想法沒有交流，那就只是兩個「我」，很難成為「我們」。兩個本來獨立的人，要成為「我們」，就是要拿時間出來磨，而且要持續進行。

長年關係難免累積負面情緒，如果又沒有成為「我們」，那就自然會用「我」的角度，把負面情緒往對方身上投。責怪，就變成在這種關係裡面，很常見的舉動——畢竟責怪對方，比面對我們自己的困難，容易許多。

我喜歡臉書的一個好處，是文字落下了，就是靜靜地躺著。讀者可看可不看，又因為透過文字，閱讀本身自有一種沉靜，我們容易當成是分享。如果是面對面談，很多說法，容易被一下子歸為指控。

我們看清了對方的樣子，當然可以選擇分離，不想繼續折磨彼此。可是，如果真心想要繼續走下去，那我們就需要負責，而不是自責。

自責讓人有壓力，所以常沒辦法靠自己深入下去，沒辦法傾聽自己更內在的聲音。需要有另一個人陪著、引導著，我們才有辦法好好為自己負責。

別說我們不見得認識長年相處的對方。我們對於自己的內心，對於自己可以做什麼，真的足夠了解嗎？

## 尋求共好的可能

操控者想操控他人，不見得一定要有什麼明顯可見的好理由，這其實讓某些被操控的朋友疑惑。甚至有時候，從整體來說對大家都沒好處。

像是有些人會用兩性關係「玩遊戲」，不見得是為了什麼利益，而且還要花很多時間精力去維繫。又容易惹危險上身，對自己的社會名聲也不利。那到底得到什麼？

在心理上，能玩弄他人意志，他們會有征服感、成就感，好像自己很有魅力、很有價值。從另外一面看，操控者的性格困境，就昭然若揭了。

有些操控者，只要能夠讓世界按照他們的方式轉，就會有安全感，要的就是這樣而已。

譬如說，跟一些朋友討論他們的價值觀，不但已經不符合現況，也看到按照這種價值觀生活，壞處越來越明顯。可是，他們還是要抱著這種價值觀生活，也拿來要求身邊的人。他們自己不想改，倒是拚了命地希望改變身邊的人，造成關係上很多困境。

所以我們透過看清操控關係的本質，理解我們自己可能面對到的處境。以及強化我們的自我，找出合適的界線，接納我們從關係裡獨立的過程中，會有的糾結、內疚，然後尋求共好的可能。

這不容易，希望我們已經踏上這個旅程了。

4月16日

# 同理不代表就是認同

一個連結深刻的關係，常是療癒的基礎。陪伴孩子，讓孩子感到安全與支持，如果真的之前有傷到孩子，這便有機會是解藥。重點是陪伴的過程，彼此之間的交流，而不是非得要到某個地方。

如果孩子一定要看電視，破壞常規，我們還能怎麼陪伴呢？

如果常規是我們經常性堅持的，那麼，溫和而堅定地，再次說明常規的重要，請孩子關掉電視，也能給孩子安定感。孩子如果鬧脾氣，那正是我們傾聽與同理的好時機，那是給予安全感與支持的重要時刻。

同理不表示認同，這我們得記在心裡。也就是，我們能接受孩子因為沒辦法立即看電視而生氣，但並不是我們認同他沒寫完功課就可以看電視。

不過，不是讓孩子開心，就可以把自己的壓力宣洩在孩子身上這件事，蒙混過關。有時該說明，有時該道歉，讓孩子了解父母也會有軟弱的時候，也會需要孩子某種程度的幫忙。

讓孩子了解自己，自己也了解孩子那時的感受，更深的連結就會出現。

# 在關係危墜的時候，還能穩穩地給出善意

昨天跟朋友們討論這個議題，有些人覺得，自己愛自己好像是很悲哀的事。最好的，是有其他人來愛自己？

可是，除了自己，誰又是我們在這個世界上，最需要信任的人呢？誰又最清楚知道自己要的是什麼，自己當下此刻的情緒狀態呢？

很多人一輩子追求的，就是無條件的愛。可是，如果先不談宗教，這個世界上最可能符合這種狀態的愛，那是自己對自己的愛。

要等人來愛、有人愛，那是傳統論述幸福的一種方式，幾乎像是一種童話。因為自己沒先跟自己建立夥伴關係，難道我們自己的不足與缺憾，就必然會有另外一個人願意來圓滿？

自己要的，就盡可能地為自己創造。那麼，真的愛起人來，對方也比較沒負擔。

自愛圓滿，比較不會怕失去，比較不會因此進退失據。自己能在關係危墜的時候，還能夠穩穩地給出善意，那這種這麼讓人有安全感的人，怎麼會不可愛？

4月18日

# 拖過一天又一天的負面情緒

有一種漸行漸遠，又每日相見的關係，大概是這樣演變的……剛開始，是情感的交流開始減少，只剩日常瑣事能聊。然後偶爾關係有危機，雙方熱吵或冷戰，反正問題也不知道解決了沒，但是負面情緒留了下來，一直沒有消化掉。然後，都覺得很想找個適當的時機點，把事情講開。可是，負面情緒一直在，我們鼓不起勇氣，所以我們藉口很多，只能聊一些邊緣的小事，要好好談事情的時間，拖過一天又一天。

我們如果沒有刻意安排，如果沒有下定決心，根本沒有適合的時間點。要長期相處下去，沒有搞清楚彼此的感受與期望，實在不太可能。

那種共處一室卻默然無語，我們催眠自己有一天可以習慣。只不過，內心裡的不安，恐怕越來越煩躁難耐。

不知道怎麼跟另一個人自在地相處，不懂得陪伴，那就不要談還能經營愛情或友情了。沒有愛情，也沒有友情，剩下的只是慣性，或者很多不得已。這是讓自己不再被拒絕的安全狀態，或者放棄期待以免受傷害，如此，卻讓我們陷入難以排遣的孤寂。但我們也寧可如此，雖不喜歡但熟悉，熟悉會帶來一絲絲安全感，日子就這樣一天又一天過下去。

4月19日

## 控制慾

兩個人原本獨立的人，在關係最濃烈的時候，似乎融為一體。然而，最後我們依然要重新在關係中，獨立出我們各自的心理空間，欣賞與尊重對方的存在，並且不失去自我地愛。

如果我們只是想要對方的聽話與配合，我們要滿足的通常是我們自己的控制慾。如果又把這種滿足當成了愛，那實在極其狹隘。因為控制慾常也跟征服有關，征服就不見得會只因為一個對象的屈從而停止。

愛與傷害常相伴，只想和諧，不願用真心話來冒險。那麼，失溫雖然在當下不知不覺，但等到我們察覺關係被冰凍之後，我們也失了氣力去挽回。

4月20日

## 當家人還不如當外人

朋友講到，當家人就被糟蹋，還不如當外人。當初就是以為，對外人都這麼好了，對家人只會更好吧！沒想到，剛好相反……

我跟她說，其實，這種狀況不罕見。我們可以這麼想，就是這種人把精力、把最好的自己，都表現在外了，都拿去包裝一個外在的良好形象。反而回家之後，控制力薄弱了，就把脾氣、把在外面受的氣，那種最不客氣的樣子，端出來讓不那麼容易切斷關係的家人承受。

還有一種狀況是，有人會對越親近的人越嚴苛。不知道為什麼，這種人就是很容易看到家人的缺點，藉著各種機會，在挑剔或批評，又像是在宣洩自己的不滿。但是外人反而比較少用同樣的方式被對待，雙重標準很明顯。然後，會合理化說，「在乎你才會罵你」。

如果同樣的狀況，外人可以，但自己的家人就不行。那我們就得思考，到底是對自己的家人期望比較高？還是過度在意自己的面子，不想家人讓自己丟臉？還是罵自己的家人，比較不會不好意思？

所以，確實當某些人的家人特別辛苦，那就得找到屬於自己的空間，去反思、去成長，去追求生活中小小的幸福。才有更強健的心靈，回來面對負能量，而不至於一下子被滅頂。

# 願意無條件接納對方嗎

有時候跟人談到友誼，常聽到的抱怨，其實是自己沒有生死至交，有時候是所謂「最了解你的」知己，那種能接受「最真實的自己」的那種朋友。進一步問，什麼叫做「能接受最真實的自己」呢？用最簡單的方式說，就是在這種朋友面前，怎麼樣都沒關係，都會被正面的理解。

其實，不見得是友誼，我們可以擴大到各種關係來說。我們尋求的關係，常是能無條件接納我們的那種。我們可以反問，那我們願意無條件接納對方嗎？

痾……阿……嗯……，我常聽到的回答，是「那要先看對方對我怎麼樣」。當然，我能理解這個答案，自我保護在現代的社會，是很重要的事。那憑什麼，我們沒這樣對待對方，對方卻願意這樣接納我們呢？我們真的好到值得對方這麼做嗎？

4月22日

# 到底是誰有問題

對於被霸凌者，有的大人會說，「一定是你有問題，要不然為什麼他要來霸凌你」、「責怪別人之前，有沒有先檢討過自己」……，讓被霸凌者產生二次傷害。

有些不幸罹患心理疾病的朋友，也常遭遇到類似的困擾。反正，「你會這樣，都是你不好」、「如果不是你不好，為什麼你會這樣？」……

倒因為果，亂亂解釋一通。不想面對、不想處理、不想聽……，好像把所有的痛苦，都丟還給受苦的人，這樣最一乾二淨，眼不見為淨。錯都是別人，遭遇不好的事，就是錯上加錯。

很多人身上，難免有缺點，硬要找，「可恨之處」其實並不難找。所以，可愛之人、可喜之人、可笑之人、可取之人……，也常有「可恨之處」啊！

那為什麼不是說，「可惡之人必有可取之處」呢？

4月23日

# 要有人關注才能活？

我聽過一種生活型態的描述，就是有一些人，會盡可能把錢花在別人能看到的地方，像是名牌包、高檔車，常出國拍照上傳。可是，私底下其實對自己很苛刻，拚命節省。

哎呀，如果真是對自己好，反而是可以多花一點錢在自己身上，不是嗎？還是，有人一定要有關注與掌聲才能活？

就算在我們面前給了不少浮誇的讚賞，反過來，就可能因為妒意，背對我們之後就把我們講得很難聽。

心靜祥和，自然讓跟我們互動的人，輕鬆舒服。這是一種境界，藉著日積月累，沒辦法具體化地說明，是哪一句話，或者哪一種動作，能讓人有這種感覺。

真能知道自己要什麼的人，那是多次嘗試在生活中實驗，有彈性、能學習。如此，自然積累一定的見識，遇事也較能掌握核心，知己知彼，自信不待言明，生活很難庸碌無趣。

# 他人比自己入戲更深

她在這個社會打滾了一些年，她心底明白，要給對方看到自己「好」的那個部分，不是把自己的強項全部施展出來。通常是你給的，剛好是對方想要的，那對對方來說，才是比較接近「好」的。

她的體會，跟她的工作經歷以及離婚，有一定的關係。她是主動提離婚的，她也不諱言，因為她找到了更喜歡的對象。她前夫人很好，可是，他給不起她要的。

可是，她不敢讓她媽媽知道，她離婚的真正原因。所以她只好按照社會上既定的劇本，把前夫塑造成壞男人。

只是她媽媽入戲太深，自動腦補，開始了種種揣測。她媽媽要的，其實是她女兒的美滿生活。她媽媽定義的美滿生活，就是女人要有個美滿的婚姻、幸福的家庭，最好在社會上也有一定的成就，銀行有很多錢。

所以，她媽媽讓她壓力很大，明明離婚的人是她，她本人沒怎樣，媽媽的情緒卻一直處在高點。

聖嚴法師提到：「心是老師，環境是鏡子。」

如果她媽媽的自覺足夠，會知道離婚對她女兒造成的壓力，不見得比她這個當媽媽的負面情緒，帶給她女兒的大。把孩子當成鏡子，特別對我們有幫助，理解的功夫多做一點，會發現在孩子身上，處處見到我們自己。

4月25日

# 扮演自己這個角色

人生的走向，常常是沒辦法預知的，那麼，種種事前的規劃，遇到人生轉折的時候放不下，反而變成了阻礙，讓自己陷在情緒裡面停滯不前。

自己想要的東西，我們常常就想抓在自己手裡。有時候無意中捏得太緊，反而失去初衷原意。就像有些媽媽，非常認真當媽媽，反而讓自己煎熬，讓孩子痛苦，那種原本只要孩子健康快樂長大的初衷，其實早就已經不在我們心裡了。

所以被迫空了一個角色、空了一大段時間，反而能讓我們重新反省。當我們把最想要的東西放掉，我們還剩什麼？

如果什麼都沒有了，還剩我們自己。「自己」就是一個角色，我們常在做自己，所以也沒有所謂空一大段時間這回事。

往內心深處走到不能再深，便是歸零。歸零再出發，不失核心，就不怕迷失。

不管什麼角色失落，別忘記「自己」這個角色。自己這個角色做得好，關係有機會好；自己這個角色做不好，通常關係很難好。

4月26日

# 認識自己是抗壓的第一步

壓力常是主觀的，也跟現實與理想之間的差距有關。我們想要去的地方有多遠，到那個地方，對我們有多重要，都會影響我們感受到的壓力。

外在環境我們不太可能完全控制，而且要工作、要互動，壓力只會不斷地出現。所以跟壓力共處，常是我們內在的工作，然後展現為外在可觀察的行為。

我們也不必期待，每個人能承受的壓力都一樣，這也跟先天體質有關。有些人很年輕就得胃潰瘍，對於空氣品質很敏感，非常容易過敏，那麼，光是要面對自己身體的狀況，就需要花一些功夫了，能應對其他壓力的能力就有限了。

所以不是別人怎麼樣，我們就要那樣。認識自己，還是抗壓的第一步。

有些人，反而是面對壓力的時候，會感覺渾身充滿能量、精神抖擻，至少剛開始是如此。通常是壓力大到超過一個人能負荷的時候，我們才會感覺困擾。在我們能應對壓力的情況下，反而壓力可能帶給我們成就感。

# 話術

以前實習的時候，跟一位同學談到愛情。他那個時候想交女朋友，可是一直不順利，後來就買書來研究，想找出問題在哪裡。他拿了其中一本銷量最好的書給我看，然後告訴我：「這本書寫得真棒！」

書裡面在教很多種「話術」，寫得易懂又有趣，常穿插很多笑料，又暗示熟練這些話術，容易受到歡迎。我承認說話是一種藝術，話講得好聽，確實比較容易交到朋友，又逗人開心。可是，在親密關係裡面，最後牽涉到的，還是一個人的個性，情緒管理也很重要。我們跟對方的關係能不能長久，主要還是跟個性有很大的關係。有些話，如果跟我們當時的情緒不搭，還硬要說，就會顯得虛偽。

學話術相對容易，但認識自己、調整自己，卻需要日積月累地努力。

## 兩種標準

在社會上，我們隨意罵人，就可能吃上官司。為什麼罵我們的孩子，就可以被解釋為一種善意？難道孩子很歡喜地接受了嗎？難道孩子模仿我們，對別人講難聽的話，也是一種善意？所謂「刀子口」，就是在傷人，即使後面補上「豆腐心」去美化。我們的社會裡，充滿了不少矛盾的論述，像有一種講法叫做「有話好好說」，為什麼這樣的講法，不能放在教養？說自己不想講這樣的話，卻又改不過來，就把所有的責任，都推到孩子身上，說是孩子害的。如此，這世上最沒問題的就是自己，只要自己有些行為不是那麼得體，那便是其他人造成的。

有的父母很有趣，自己打罵孩子好像天經地義。可是，如果孩子受不了了，年紀夠大了，打罵回來，就覺得養兒不孝，非常傷心。我很疑惑，對我來說，打罵孩子，就要有心理準備孩子哪一天會打罵回來，因為我們一直在做身教，這不是很自然的事嗎？

刀子口，未必就是豆腐心。跟孩子互動，不能忘記的心，是將心比心，是同理心。

4月29日

# 人心如鏡

心要靜，有些觀念就要學起來放在自己的心裡。像是我們的內在，常因為外境應運而生一些想法與情緒，那是一個自動化的反應歷程，我們可以保持距離。打個比方，鏡子所反射的事物，並非真實存在於鏡子裡面，但是鏡子前閃現什麼，它自然就會出現什麼，鏡子本身的角色，是被動的。

有時候，人心如鏡，與其說心中的想法與情緒，為我們所有。不如說，外境如此，內在僅僅是受到牽引而已，至於我們要如何回應這樣的牽引，那是我們自己的決定，可以經過深思熟慮。

# 不一定要全然喜歡一個人，才能跟他們相處

對父母理想化破滅這個階段，他們慢慢意會到，爸爸媽媽不像小時候以為的那樣理想，也只是個充滿缺點的人。他們也逐漸體會，做孩子的人，已經長大了，在身心方面，有能力去傷害父母，也能去包容與接納。

我告訴他們一句話（出自Grover Underwood）：「很少人能抗拒來自於別人的注意與關懷，那是最不著痕跡的恭維。」

不用跟父母辯論，也不用一直保持距離，但如果有能力，請注意與關懷父母的生活。人與人長久相處，除了把事情講出個輸贏對錯，還能分享彼此的心情，聯絡感情。

讓討厭的歸討厭，喜歡的歸喜歡，我們不一定要全然喜歡一個人，才能跟他們相處，特別是我們的父母。

# May

5月1日

# 自給自足的情緒

很多人活在世界上的目的，就是追求自己的快樂。有時候自己不快樂，就要別人讓自己快樂。有些人更是直接把自己的不快樂，變成別人的責任。可是，人都要保持快樂，並不容易，因為相對負面情緒來得更頻繁、更長久。

其實，人不一定要追求快樂，人也不是只有快樂才能活。平靜也是一種很不錯的狀態，恬淡雖然不夠強烈，對很多人來說，已經足夠享受。這樣活著，就不一定要藉由他人才能調整我們的情緒，我們自給自足。

情緒上我們自給自足，少一點也不會太難受，有能力還能助人。如此，悠閒安詳。

5月2日
向利用劃界線

朋友說，如果今天一個人表達友善，但又常被人利用，該怎麼辦？

例如在一個新的環境很願意助人，可是遇到了人善被人欺的狀況，剛開始請他幫小事，後來越幫越多，都不好拒絕了。

我說，所以要學習拒絕啊！他說，這樣就好了嗎？

我說，當然不是只有學會事後拒絕，常常在事前，就要劃底限。也就是，友善是有範圍的，就是量力而為，有時候就是「醜話先說在前面」。

笑笑地跟對方講，我們最多幫到哪裡，先講清楚再幫，會比較不用事後拒絕。不過，還是有人能占便宜就不想放棄，就算事前、事後的動作都做到了，還是一直「盧」，也是有這種狀況。

所以再更進一步來說，懂得看人互動、減少不必要的人際關係、選擇好活動的場合，這些都很重要。朋友似乎聽了覺得有道理，又像是有點一時間無法消化的樣子，我只好再精簡地摘要我們剛剛的對話：

「會想要利用你的人，有時候就是比你不要臉。別怕在事前劃底限，別怕在對方要求之後拒絕。對方要使用你的時間、你的資源，理論上是對方要不好意思，不是你。對方要藉著你的不好意思與愧疚，來剝削你，這時候要為自己堅強，保護自己！」

5月3日

## 把友誼當武器，最後還是會付出代價

小女孩告訴我，她有一個朋友，人緣很好。這個朋友很主動，到處找人玩遊戲。可是，最近這個朋友告訴她：「妳如果不讓我當隊長，我就不跟妳當朋友了！」

我們這個世界很有趣，我們希望朋友真心相待，偏偏實際上，常有人交朋友是以利益出發。我們不喜歡人拿友誼當籌碼，但是有時候這種人，就是有辦法在團體裡面吃得開，成為意見領袖。

自我跟孩子相處以來，這種現象就沒少過，更有些演變成霸凌，一些心思單純的孩子被使喚去做壞事，或是直接被排擠。也有少數案例是先假意跟你當好朋友，然後無預警把你「拋棄」，在你的難過痛苦，甚至是苦苦哀求中，享受他的操控能力與「成就」。

在大人的世界，這種遊戲玩得更精緻，包裝得更精巧。你被「拋棄」了，對方還有辦法讓你覺得是你的錯。

我並不鼓勵小女孩馬上不理會這個朋友，我反而希望小女孩多跟我分享這個互動過程中的種種感受。她的朋友是好教材，她有些行為讓人生厭，可是有些行為卻可以觀察與學習，這些情緒都可以回過頭來幫助小女孩更認識自己。

期待我們從自己做起，從身邊的孩子開始教育。把友誼當武器，最後還是會付出代價，一些真心的友誼會慢慢因為認清而離去。

5月4日

## 享受安靜

沒有能力享受安靜，熱鬧會變得刻意且短暫。在安靜中，心底最深處的聲音，才有機會傳來。在安靜中，最美的畫面，才能在心裡停駐，然後以盡可能緩慢的速度消散。

再怎麼沸騰的情感，遲早會安靜下來。而暖暖的溫柔，常在靜默中醞釀，然後甜蜜地彼此餵養。

我想要的幸福很安靜，靜到讓人遺忘，而我悄悄歡欣。不渴求他人的肯定，想對話總找得到自己，不需要經過誰的允許。

5月5日

# 在對的人身上花時間

跟孩子們討論，碰到在背後說自己壞話的人該怎麼辦？

孩子們談到，一般都會教，要試著跟那個人做朋友，甚至是變成好朋友。可是，他們又知道，其實很難，又沒聽過其他更好的說法。理想與現實落差太大，他們也卡住了。

我說，可以多一種講法。我們教孩子的，跟大人世界流傳的，常常不太一樣。

「不要把時間浪費在不值得的人身上！」這是大人世界的說法。

我們或許有機會澄清，也許是我們自己真的做錯事，那要學著道歉。也有可能我們也可以釋出善意，讓對方知道我們已經知道他的行為。可是，我跟孩子們都知道，既然這個人都已經在背後說我們壞話，那要變成好朋友，真的會比較困難，能表面上和好就了不起了。

學習多交一點朋友，才是重點。朋友交得多，我們其實比較不怕被講壞話。

與其花時間想讓關係翻轉，真的不如把時間，放在自己、或者值得的人身上，像是自己的家人，或者原本就有交情的朋友。時間花得比較甘願，心情也更好一些。

5月6日

## 別賞人耳光

「如果有人甩你巴掌，記得要躲要擋！自己不管多生氣，也請別賞人耳光！」

我之前在跟老師們討論情緒管理的時候，會拿一些新聞案例為例。即使現在校園實施零體罰，老師情緒失控之後，打學生就不會那麼拿捏力道跟部位了。我也跟老師們報告過，感覺自己情緒失控，離開現場是最簡便的辦法，以前打耳光會被合理化為教育，現在打耳光會被認定為傷害。

不是只有師生關係不適合打耳光，就親子關係來說，我也認為不應該。就我自己被打的經驗來說，除了感覺很羞愧之外，還會有頭暈的感覺。我曾經看過一位爸爸打孩子，把孩子打到撞牆，這還會有腦震盪的可能。

然後，偶像劇裡面，常演女主角生氣，就打男主角巴掌的情節，我也不贊成。喜歡一個人，不是可以被打巴掌的理由，跟性別無關，單純是這個動作，很不尊重人，基本上我認為是一種羞辱。

各位親愛的朋友，我是被打耳光的過來人，也是常跟家庭討論親子教養的心理師。我認為比打耳光更有效的教養方式，還有很多，此外嚴格來說，再怎麼樣都不要打頭，有時候造成的傷害不好彌補，特別是大腦還在發育的孩子。

聽到孩子在學校打人，一開始就對孩子說教，或責罵孩子的不是，會是什麼結果呢？不但有可能互動時間暴增很多倍（大部分可能是大人講大道理的時間，也可能是彼此爭吵的時間），而且孩子還有可能會不服氣、感覺委曲。

說不定，大人一聽到孩子講這種事，就開始生氣地打人、罵人，形成了身教。以後，孩子遇到挫折，用生氣去面對的次數，通常是比較多，而不是比較少。

就這樣「放過」孩子嗎？

我們好像忽略了，孩子自己很可能想解決這件事，或者想試著控制自己。

如果父母一定要「懲處」，才能感覺給人交代，才不會落人口實，好像會被人說太寵孩子，所以孩子才會在學校打人。那麼，我們是真心想幫助孩子？還是懲處孩子主要是為了自己的面子？

把下一次該怎麼預防，討論清楚，會更實際一點。而且，如果有多一點時間，孩子也願意講，可以再把上述的簡短對話，繼續拓展延伸，那也很好。

如果跟孩子討論困擾行為的過程中，還能夠記得肯定孩子的努力，對孩子會更有幫助。

5月8日

## 被別人討厭，被自己喜歡

真實的自己被人討厭，也許比虛偽的自己被人喜歡，還來得踏實。因為很有可能，我們自己，喜歡真實的自己，但討厭虛偽的自己。

以情緒來說，通常自己對自己的感受會比較貼近，他人對自己的感受則比較遙遠。特別是獨處的時候，我們唯一要面對的，就是我們自己了。

當我們處在一種踏實圓滿的狀態，本身就是一種人生的「答案」。所謂答案，也許並非某些實質的成就，或者可以計量的金錢數字，而是一種和諧與接納的境界。

只是，被自己喜歡，卻被人討厭，會感覺孤單一點。不過，只要不傷人、不犯法，在孤單裡熬，熬一陣子，也許有機會慢慢找到，不被他人討厭，但自己也滿意的狀態。

## 適度的妥協

在愛情當中的難處，是通常兩個人都會想被包容、接納，雙方都是平等的、彼此尊重的，沒有誰一定要優先被照顧到。要能讓對方有類似全然的父愛或母愛的展現，那得要自己已經有了足夠吸引人的部分才行。要不然，是什麼理由，非得要我們忍著不被接納的苦，先去接納一個比較難相處的人？

大家都想做自己，還要能維繫關係，那就自然會有適度的妥協。愛能讓人堅強，願意踏著艱難的步伐改變，但愛不能越界，自己的功課還是得自己完成。這分際的拿捏，不是成了戀人，就自然能掌握。

否則，成了干涉、成了控制、成了任性與耍賴，那也難達到所謂的接納了。

# 壓力的使用

孩子給我們的壓力，正是我們給孩子示範如何面對壓力的好機會。

適當的壓力使我們成長，過度的壓力讓我們累垮。壓力的使用，是需要多次嘗試，而且運用得當，確實能改善生活品質。只是，壓力會累積，使用壓力的同時，也要學會紓解，才算運用得宜。

我還記得有一位朋友，得到恐慌症。醫生問他：「最近壓力大嗎？」

他說：「不會啊！」

醫生詢問生活細節，發現壓力其實一直不小，問他：「你難道不覺得有壓力嗎？」

他說：「已經習慣了！」

原來，是習慣了，而不是沒有壓力！可以說是這位朋友沒有警覺，也不知道壓力對身心的耗損，所以積勞成疾。醫生提醒他：「要多運動！」

他說：「有啊！我工作的時候就在運動！」

詢問其中細節，那是為了工作而進行的動作，對紓解壓力沒有太大的幫助。醫生說：「那是勞動，不是運動！」

其實，幫助孩子，兇實在不是重點。指令明確，營造環境，溫和而堅定，還是可以達到比兇孩子更好的效果。因為最終，我們希望孩子能夠自我管理，那本來就是一次又一次的硬功夫，考驗我們的耐心與脾氣。

5月11日

## 把錯推到孩子身上的家長

我以前看到一個認識的孩子，滿臉淚痕。我問媽媽，發生了什麼事？

媽媽若無其事的說：「沒有啊！我看到她在睡，就把她鎖在車子裡面，讓她繼續睡。想說先來上一下班，中間再出去看她起來了沒有。沒想到，她好像已經起來很久了，一直在哭！」唉……我真不知道該說什麼了?!這位媽媽平常也表現得非常愛她的女兒，可是，媽媽的行為常讓我摸不透。

像是某次，我們剛好在同一個空間吃飯，她在餵她女兒吃飯。後來她旁邊的人偷偷告訴我，她一直對她女兒說：「那邊那個叔叔很兇，他會罵不吃飯的小朋友！」就這樣把準備好的食物餵完。那個叔叔就是我，我根本莫名其妙，躺著也中槍。

後來某次這個孩子的眼神跟我對到，突然大哭。媽媽聽到聲音過來，她根本沒看到狀況，就說我嚇她的女兒。然後對我說：「以後你有孩子，我也要嚇他！」

我常在很多細膩處，看到家長對孩子的負面影響，但是家長渾然不覺。但越是這樣的家長，越會把錯推到孩子身上。

5月12日

## 該真正在乎的事

年紀越來越大，對關係所重視的，不再是數量，而是品質。以前年輕的時候，比較有可能因為交了新朋友而開心。然而人生閱歷增加了，除非是為了工作，要不然持續交新朋友，跟陌生人建立關係，會變成了壓力。

我們越來越可能因為關係中的真誠互動而暖心，即便朋友越來越少，也不見得讓我們寒心。我們越來越抓得到重點，知道什麼該在乎，什麼其實輕輕帶過就好。

能及早覺醒的人，放棄了關係中的角力與輸贏，只談是否彼此接受，那麼就能相伴與珍惜。只想用關係滿足自己的人，用表面工夫就想回收好幾倍獲益的虛偽，會慢慢被認清，漸漸疏遠而淡出我們的視野。

我們不再只是期待能找到對的人，我們更努力地讓自己成為對的人。也許關係持續失去，但我們也多了些智慧，懂得在少數的關係裡，發掘更多的樂趣。

5月13日

## 可以原諒我嗎？

一位媽媽歌手，像吟唱又像對話，向角色設定為18歲的女兒，唱出了感人的心聲。

「沒能成為做得更好的母親，可以原諒我嗎？」、「妳說，會成為比我優秀的媽媽，能和我許個約定嗎？」

當我們年紀越來越大之後，過去堅持的、曾經努力想達成的，到底有沒有意義，就越來越清楚了。很多一般的事，隨著經驗的累積，大概都會知道怎麼樣才能更好。何況是當媽媽，這麼複雜又艱難的工作，要注意的事方方面面，有許許多多小細節，怎麼可能對孩子，沒有一絲絲愧疚？

講出來，是開始面對自己了。最重要的，也許不是為了孩子，而是為了自己。也許是初為人母的媽媽，也許是正遇上叛逆期孩子的媽媽，也許是以祖母身分重新教導孫子的老媽媽，這面對、這反省，不管在什麼階段，那是往成長的路上走去。

# 幸福和內在的關係會多一點

之前，有一位家長跟我坦承，她真的不知道怎麼跟孩子相處？可是，很弔詭的是，她的工作，也要常跟人接觸，事業也經營得有聲有色。

我試著這樣說說看，假設人的關係只有兩種深度：社交關係與親密關係。

那麼，在社交關係的層次，還可以裝一下，真實的自己還容易被藏在最底層。部分的社交關係，想要透過關係獲取利益，這利益可以讓人有動機去維繫這段關係。

可是，在親密關係裡，常要拿出最深的內在，跟對方產生連結，而且不見得有立即的或物質上的利益。除非不太講話、不互動，只維持關係的形式，而沒有實質，那也許看起來不需要面對自己，但關係也非常疏離。要不然，只要長時間、頻繁互動，我們到底把自己整理到什麼程度，我們活了一段歲月之後對自己到底有多少了解，都會經歷考驗。

我們可以離成功很近，卻離幸福很遠。所謂的幸福，跟成功不見得很有關係，跟我們內在的狀態，關係會多一點。

## 裝模作樣也要有觀眾

我認識的一位朋友，她的內心小劇場極其旺盛。她常講她對朋友是如何真誠，她又多麼不在乎排名，她的心胸很開闊……

她在我們大家面前表現出來的，就是很希望獲得大家的認同肯定，跟她對自己的描述有一段差距。對她講話只要帶著一絲絲否定，都要很小心。然後，她如果事情做不好，就會怪說是跟朋友相處的時間太多。她這麼說，自然又獲得很多安慰，說她真是重視朋友。

其實她也不是特例，也不是多嚴重的虛偽，因為這樣的人，不同年齡層的人都有，包括小至國小的孩子。自在，她實在談不上。但是如果說到裝模作樣，她倒是很典型。

裝模作樣，通常要有觀眾，所以她身邊常有各種朋友，男伴也經常換。為什麼男伴會一直換呢？我們不用問，她都會自己講。

我常搞不懂，她是什麼狀況，所以盡可能保持一段距離。

如果人際關係要好，某種程度的表演，其實少不了。不過，有些人更嚮往自在，不那麼想表演著什麼，這我們也可以試著理解。

自在真的不容易，除了在眾人之前，更困難的是，私底下跟自己相處的時候，也能不矯揉造作。

5月16日

# 無情的味道

我的工作，比較容易碰到情緒變化很大的人。強大的情緒反應，有時候是為了一些不成比例的小事，有時候感覺是先有情緒，再去找個合理的理由去解釋。在這種情況下，如果我們不跟當事人的情緒保持一段距離，那會很難繼續互動。

那種所謂保持距離的狀態，很容易被指稱為無情或冷漠。但是當對方的情緒不自主地起伏的時候，我們如果也跟著陷入其中，反而會讓關係的壓力太大，變得難以維繫。

在關係感覺搖搖欲墜的時候，還要能堅定地相信自己，相信彼此有能力度過這段關係的危機，不被動搖、不放棄，反而是越要發揮理性的力量。用理性去處理感性，那種無情的味道，想遮掩都困難。

情字難解，常帶來困擾，但也美麗，讓生活更多彩。也能讓本來陌生的兩個人，可以越來越靠近，有幾乎合而為一的親密錯覺。不過，那只是錯覺，終究是獨立的個體，彼此有各自的情緒，無情有時候能幫助劃出界線，讓彼此更自在地活著。

5月17日
被引導出的答案

在親近的關係當中，互動樣貌的形成，跟我們自己大有關係。如果我們問了問題，又已經先入為主，不容動搖，久了，別人便容易用敷衍的態度面對我們的提問，或者根本跟我們保持距離。

如果我們問問題之前，其實就算別人提供了不同的看法，我們還是堅持原先心裡預設的答案，就算別人說得再怎麼有道理，我們也只想按照我們的想法做，可是我們又要別人提供意見，那我們可以問自己幾個問題：為什麼我們「需要」按照自己期待的方式做？為什麼「需要」找他人來背書？

我偶爾就會被這樣「使用」，透過對話或者設定很多前提，從我口中引導出某個答案，甚至我沒說過，但使用了很多「推論」，經過了好幾層的「解釋」，或者套上非常牽強的邏輯，一樣可以把自己想說的話說是我的話中含意。然後順水推舟，把自己的講法，講成是經過了我的背書。

不想承認自己造成了自己的困境，想要透過別人來減輕自己的罪惡感，或者完成自導自演自問自答的最後一段對白。

這個世界上，我們最常互動的人，就是自己。我們與不想承擔責任的自己互動，我們幫自己找藉口，然後安撫不安的自己。所以逐漸不清楚自己，看出去的世界就容易變得模糊。

5月18日

## 駛向哪一個碼頭

年輕人正是迷惘的時候，情緒也因為生理的關係，容易上下起伏。我常跟不少父母談，希望給他們打預防針，提醒他們給年輕人多一點理解與寬容。

年輕人有時候很敏感，但也可能覺察要比較久，又比較沒耐心，有時候我也會進退兩難。所以有時候，父母為利害關係人，父母說的話，年輕人就是比較聽不進去。有個公正第三人，親戚、家教、學校輔導老師……甚至是父母主動去認識的年輕人的朋友，在一旁開解會更有用些。

我想分享一句話，可以貼近一些年輕人的狀態。

塞涅卡說：「如果一個人不知道他要駛向哪個碼頭，那麼任何風都不會是順風。」

如果年輕人是船，那父母便像是大海。當船迷失了，常忘了乘載他們的是父母。他們迷惘，有時候父母也會跟著受難。父母如果能有大海那樣寬廣的胸襟，而不是掀起滔天惡浪，那麼，船能快一點找到自己的航向。

5月19日

# 看臉色

以前，大人常要小朋友，懂得看大人的臉色。我猜，大人是希望小朋友懂得判讀大人的心情，然後自動自發地執行，大人希望孩子做到的事（即使大人不見得說出口）。不要讓大人覺得麻煩，要把該講的事講了一次又一次，小朋友要盡可能做到，放在地上就能自然而然自己長大，又乖又聽話（即使大人自己也不見得那麼聽自己父母的話），讓家長感覺輕鬆。期望過高，常會換來失望。

我覺得，有時候家長也只是複製上一代習慣的說法而已，潛移默化地吸收了過去的價值觀，不見得認真想過。所以我希望有空把我們沒想清楚的事，拿出來討論，再思考我們該怎麼做！

我們常常，沒有給予孩子適當的期待，有時候高估，有時候低估。像是看臉色這件事，我們大人容易犯高估的錯。

想想我們的配偶，或者某些白目的同事，一個人長大了，就很懂得看臉色嗎？很多家長跟我抱怨，另外一半根本搞不清楚他們心裡在想什麼。那麼，大人不見得能做到的，我們怎麼能期待孩子做到呢？

5月20日

# 不做情緒的載體

人常作為情緒的載體，乘載著自己的、他人的情緒。我們自己內在滋生的情緒，硬要說是別人引起的，其實是很常見的狀況。有可能是我們自己並不認同我們內在產生的情緒，或者我們根本對自己的覺察不清，或者我們內在的情緒過於強大，只靠我們自己，實在承擔得太過辛苦……

相反地來說，他人的情緒，也有可能跟我們沒太大的關係。只是我們扮演了某種角色，或者只是恰巧在當事人的身邊，就被寄放了、託付了許多情緒。說被理想化也可以，說被誣陷、被扯進去也可以。

不是我們自己的情緒，還是不背在我們身上得好，好好地還給對方，請對方自行處理。是啊，有時候看起來，就像冷漠了，容易被說不關心，容易被說切割得太乾淨。

有時候，是可以這樣說的：把一些不必然屬於我們的情緒，拒絕在外，我們才有精力去處理我們自己源源不絕的情緒。那麼，也許在能力範圍內，在人與人之間合理的界線裡，我們多幫對方一點忙，讓對方好過一點。

# 5月21日 不自覺詆毀過去

我認識一位朋友，在職場招募新人。他最怕的就是，會一直詆毀之前職場的人。這道理在心裡很容易明白，雖然不一定完全正確：很喜歡詆毀之前職場的人，也很可能在以後詆毀現在的職場。

有時候沒有自覺的人，真的不知道自己正在抱怨。這時候，我們用這句話來反省自己，我覺得會有點幫助：「我們今天當著誰的面，或在他背後，說了他什麼好話？」

如果實在想不到自己說過什麼好話，那不如保守一點，定義自己就是在抱怨。這時，可以先從對自己說好話開始，推己及人，比較自然。

5月22日

## 自己沒成長，關係也難成長

跟另一個人建立關係，好像連一條線一樣。那我要跟另一個人有更深厚的情感，就要試著多連幾條線，在這幾條線上，我都能產生互動，那關係就不會那麼脆弱。

可是，萬一我互動的方式很單一，或者我本身的深度不夠，只能連上一條或少數幾條線，那線斷了，互動就卡住了，然後其他方式又接不上。

用我們一般更熟悉的講法，我們想要遇到好情人，我們自己要先成為值得擁有好情人的情人。我們想要有好兒子，我們得要成為懂得欣賞好兒子、能幫助兒子成為好兒子的家長。

如果我們本身很膚淺，脾氣也不好，又自我中心。那對方也不是傻蛋，對方也懂得找更好的人，建立他們心目中理想的關係。像家人這種不太好跑掉的關係，就只能建立比較脆弱的連結，因為我們也不懂得維繫，我們也沒有其他的部分，可以吸引對方靠近。

自己沒成長，關係也難成長。

5月23日

## 人生的樂趣來自未知

人生有很大的樂趣，來自於未知，大部分人卻對未知恐懼。

我們的大腦很好，一直幫助我們理解很多我們原本不理解的事，可是，我們年紀越大，已經理解的事越多，我們反而越來越抵抗去理解新事物，那些超乎我們想像的現象與邏輯。

# 誰能一直好脾氣

一位男性朋友，似乎不太理解，他太太對於家庭裡的人際關係的抱怨。

「都是自己的家人，再怎麼樣，都比跟外人相處壓力小。每天在家，能有什麼壓力？壓力會比我大嗎？」

有時候，人的狀況很不好的時候，能面對壓力的抵抗力就會變小。像是有心理疾病，或者屋漏偏逢連夜雨，很多事同時發生，都可能讓一個好脾氣的人，一下子應付不過來，變得容易生氣。

以女性來說，還有生理上的變化需要考量。生產之後，在腦力與心力上，也不見得能復原到原來的水準，甚至急速下降。

媳婦的角色，在各種社會的潛規則，以及心理層面的加乘之下，常會感覺到為難。這「為難」，便是一種壓力。如果要體會這種壓力，很建議他，想像一下，如果花一天時間去照顧他生病的丈人，那會怎麼樣？

5月25日

## 可以堅強也可以溫柔

我喜歡在遊戲區觀察親子互動，勝過在治療室。

我看到一個孩子，一氣起來講話就很大聲，我猜先天與後天的影響都有。帶她的阿嬤，自己氣起來聲音也不小，卻提醒孩子，女孩子講話要溫柔，別人才會喜歡。孩子回答，我已經很溫柔了。

阿嬤跟孩子的互動，是很典型的上一代的教養方式，非常重視孩子要聽話。事實上，這不能怪某一個人，而是以前孩子生得多的時候，家長不可能都跟每個孩子慢慢磨。

於是，大人就會透過心理控制的方式，貶抑孩子，讓孩子在心理上依賴大人。恐嚇、威脅、貶損，雖然情節不如大人世界般的嚴重，但本質上就是這些負面手段，輪流使用，讓孩子對自己的決定與主張喪失自信，最後以大人的講法為主要依歸。

希望孩子，最後懂得了溫柔的真義。知道一個人，可以很堅強、不退縮，很有自己的想法，同時也可以很溫柔。還有，現代的女孩子，不一定要溫柔，才有人會喜歡。有時候，自己喜歡自己，也可以很有價值。

5月26日

# 孩子的人生最終由他自己過

父母要孩子聽話，很多時候，不是為了孩子，是為了父母自己——想從孩子身上滿足自己的情緒。

以我來說，我的提議如果被拒絕，我會有挫折與困惑。就好像很多家長所說：「我當然不會害他，為什麼他不領情？」

然而，我知道，大大小小的挫折，本來就是勇敢生活的必然挑戰，我一直在學習接受與面對。就像，孩子為了探索自我，為了捍衛他們自己的決定，他也要接受大大小小的挫折。

我希望孩子接受屬於他們的挫折，我也願意接受屬於我的挫折。孩子成長於不同的時代與生活背景，他的價值觀大致不會跟我完全一樣，我會學習，而不是一直抗拒，拿我的權威來壓。

如果孩子對長輩或是上位者，不管是講話不禮貌，或者表達他的不認同，我會讓孩子知道，這個世界上有很多曾經發生過的例子，結果不見得對孩子好。我也會表達我的情緒，不對孩子隱瞞，但我更希望孩子知道這些之後，依然願意思考，並保有他的判斷。因為孩子的人生，最終要由他自己來過。

5月27日

## 哀傷有自己的步調

一本繪本裡面談到的分離議題，或者死亡這件事，跟我們每個人都有關係。它是在講，羊媽媽想念她過世的孩子，那種從憂鬱到走出來的過程。

可是，我們年紀大一點就知道，如果是失去自己的孩子，那種哀傷，很難隨著時間消失。也許會淡一點，也許會像羊媽媽那樣，開始知道，要從自己的回憶開始珍惜起。可是，那種哀傷，有時候是一種幸福的想念，它也許有一種灰暗，它也讓人生更美，我們後悔，我們也不悔，我們想珍藏這種感覺，等到我們在生活中覓到了一個獨處的空檔，再拿來回味。

每個人面對哀傷，會有自己的步調。

人也有很多層次，我的哀傷與我同在，可是，我也許有個更高的層面，願意去看到哀傷的對立面，去跨越、去俯瞰。看它們像河水一樣奔流到我的面前，環繞我的周圍，一部分的我正在動，一部分的我自有其靜定。

我想起以前我在《找一條回家的路》裡面，寫過一段話：「我可以有很糟糕的情緒，但是我不是一個糟糕的人；我是一個平凡的人，偶爾有糟糕的情緒。」

也許，這段話可以對抽離不開來的朋友，有些幫忙。

5月28日

## 生命中不可避的焦躁

離開陰影，或許是讓我們心態更健康，或許是讓我們能過上我們想要的生活。無論是在行為上，或者是在心態轉化上，大致上是要花一些時間與心思，試著去努力與冒險。

所謂冒險，也可以理解成，產生不一樣的行為，承擔不一樣的後果。每天做同一件事，像是擔心、不停地擔心，卻又期待會出現不一樣的結果，實在徒勞。

擔心，常是要別人努力，而不是自己努力。不停地擔心，那其實有一個功能，就是如此虛耗人生，可以不需要面對無預期的失敗與失落。

積極迎向困境的人，反而能獲得內心的平靜，把擔心虛耗的時間，拿來讓自己成長與精進。是啊，會有新的焦躁出現，但是，我們主動去承接生命中常常不可躲避的焦躁，會比我們被動接受，好過很多。

# 5月29日 還可以怎麼活

我們的生命，在早年被限制在一個狹窄的範圍。然而，內在沒建設好，在經濟獨立之後，我們可能又一股腦地投入了物質的懷抱。而且我們的追求，超越我們的所需可能甚多。

然而，物質越多，說不定心靈越匱乏，基本上時間就是會相互排擠。我所談到的心靈是什麼呢？

譬如，感受自己情緒變化的能力，體驗豐富的生活經驗。又像是，反思自己的努力，是基於自己感受到的意義，還是只是反應他人的期待。還有，我們身邊的關係，能有效連結，還是疏離……

這些對大部分人都重要的事物，待人處事的根本，在我們人生的早年，可能所投注的時間遠遠少於背誦相關心理能力的反覆訓練。但在我們人生的中期，我們可能又汲汲營營於物質的獲取之中，心靈處在一種相對昏沉的狀態。

我常覺得我們沒把基本的「需要」照顧好，都被許多「想要」給排擠了。「想要」把我們的生活越搞越複雜，複雜到我們自己都迷失掉，不知道我們到底要什麼，只覺得缺少很多，然後也不知道我們還可以怎麼活。

5月30日

## 幫小忙的代價

朋友分享她同事的狀況，打從她開始工作，那位同事就一直說，「我如果早一點生，妳都可以當我女兒了！」

她說，這些她都無所謂，也不是那麼在乎。可是，同事又會猛稱讚她說，「年輕人懂電腦真好，現在什麼都要用電腦……」。然後同事就請她「教」，後來是請她「幫」，最後是請她「做」。

好像經過縝密的計畫，一步一步地，就等著她掉到陷阱裡面。這同事社會經驗豐富，不管她後來怎麼推託，同事都有辦法把她擋回去。

「在家裡被自己的媽媽情緒勒索就已經很累了，在職場還要被『假媽媽』情緒勒索，現在每次聽到那位同事喊我『女兒啊……』，我就很想吐！」

我們都笑了，她笑得比較尷尬一點，帶著悲情。其實，她也知道答案，她想要工作量少一點，就要懂得拒絕，然後可能要承擔人際不和的風險。

剛開始就劃清界線，醜話說在前頭，固然表面上看起來無情，卻是後續人際能和諧互動的重要基礎。做爛好人，後來爆發，並沒有比較好。

也不是小忙都不能幫，只是我們得知道，幫了這個忙，我們以後要付出什麼代價，這也要看對方是什麼個性，要學習判斷。無論將來扮演什麼角色，這些經驗都是重要的學習。

# 駕馭物質的能力

當我們的觀念被錢綁住之後，我們就會以為，如果有錢就好像得要過著怎麼樣的生活。然而，健康的身體、平靜的心靈，有自己的時間做自己喜歡的事，陪伴著喜歡的人一起過生活，有餘力就幫助人，這樣的美好生活，只需要有基本的溫飽，重點在於觀念與知識。

其實，一個人年輕，沒吃過多少苦的時候，是很難抗拒物質誘惑的。

一個人要成功，延宕滿足能力的培養，相當重要，這對很容易滿足到物質需求的孩子來說，相對不容易。「需要」跟「想要」的觀念沒有區分清楚，慾望過多，也容易有負面情緒。研究顯示，能持續比較久的快樂，是在付出努力一段時間以後，能達到自己所設定的合理目標。

物質的滿足，常要拉回到心靈層面來談。心靈建設得不夠好，物質的使用就容易失序，而衍生種種困擾。

物質的使用，如果超過一個人的駕馭能力，就會出現問題，對心智還不成熟的孩子更是如此。寧可「窮物質，富心靈」，先讓孩子對這個世界有基本、一般的了解與認識，心智健全了，再去讓金錢變成一種豐富生活的力量。

# June

6月1日

# 不是我們自己的解讀

寫在網路上的文字，看的人多，自然有各種解讀，自然可能跟原意有不小的距離。即便擷取了某段原文，沒了上下文的脈絡，箇中涵義也開始改變了。所以文字出門，就不是我們自己的了。

講出去的話，等到百轉千迴之後，常常加了許多聽者自己的意思。這些話回到我們身邊，我們也可以嘗試還原我們當時的說法，但也得了解，這個歷程，常常會重複發生，不是我們所能掌控。

為了很難不發生的狀況而生氣，這生氣的力氣，就可以用在更有建設性的地方。

其實，就算我們講得怎麼得體，有心人，還是會把它扭曲。就不要說大部分的人，也很難不增不減地聽，常要用自己的方式才好記，語言文字就此變了調。

沉默是金，但沉默也可以被他人解讀，實在沒完沒了。說到底，太在意他人的言語，自己的生活常變得寸步難行。

6月2日

## 老是越界，就是有人情味？

我很期待即使在家庭裡，彼此之間依然有一些界線。譬如，個人隱私的部分，我們得要尊重。有些大人覺得侵犯孩子的隱私，是為了保護孩子，那相反來說，孩子也可以不經大人的同意，隨意翻大人的東西、開大人的電腦嗎？

界線搞清楚了，互動會比較順暢，這是我面對家庭的時候，常拿出來用的概念。或者，多一種方式說，到底家規是什麼，要能拿出來討論，而不是權威者說了算，變來變去，又常雙重標準。

可是，有的人就會覺得，把事情搞清楚了，人與人之間就會變得冷漠。本來我們大家要有能力讓自己在界線內，把自己照顧好，家庭自然就有機會更好。

老是越界，就是有人情味？

「人情」這種事，我常覺得疑惑。譬如，在外面偶爾就會看到代排，或者幫忙佔位子的情形。對「自己人」是很有「人情味」，好像互相「照顧」，可是就損害了其他人的權益。

人情只對認識的人講，其他人就不管，這自然容易引起糾紛。而且，人情常奠基於「你對我好，所以我對你好」，或者「我先對你好，我希望你之後對我好」，這有很明顯的功利導向。這麼功利性的思考，很溫暖嗎？

## 那些別人，大部分是她自己的化身

她假日去上課，一回家，水槽裡的碗也沒泡水，水龍頭沒關緊，馬桶沒沖乾淨，白天連門口燈也不知道是誰把它打開的……

她第一個想法是：「根本沒有人把我當一回事！」

然後衝進房間，不想說話，腦中倒是像泉水一樣湧出了一堆髒話，還有長期以來累積的怨念。等了一陣子，情緒是消化了一些，但是該不該出去收拾？是不是要質問些什麼？找什麼人來為這個狀況負責？她沒個頭緒，竟然為此猶豫了更久，沒出房門。

對於家事，她有她的堅持與標準，今天她如果都放下不管，水電費可能比較高、家裡可能比較亂，但是至少他們父子生活還是一樣過，過得更輕鬆自在，遇到事情他們自然會想辦法。

「真的沒有我也可以」，原來，最需要改變的是她。

調整想法之後，並沒有從此過著幸福快樂的日子。只是，放下了她長久以來的堅持，也放下了心裡想著的「別人」的想法與評斷——那些別人，大部分是她自己的化身。她少了生氣，多了不少自然流露的人性。

6月4日

# 親密關係的核心

以前剛到北部的時候，很不適應。譬如，朋友說「一定要再聯絡喔」、「有空約吃飯喔」、「你如果有空再請你幫忙」……，我會很自然地當真，當成一個口頭上的正式約定，然後以為真的會聯絡、想著要去哪吃飯，或者事先排開時間，準備幫忙。結果發現，這只是一種社交辭令，不用當真，只是另一種「說再見」的方法而已，目的是要博取對方好感，或者被當成是一種禮貌。

原來，社交的時候，很多話是不用當真的。然後，跟人互動越多，越是明白，互動的時候，沒事就把真心拿出來，反而被當成是一種奇怪的行為。

會不會，大部分很少說真心話的人，因為沒有經過好好練習，所以不知道怎麼適切地表達自己？真的想說真心話的時候，又不知道該怎麼說了？

會不會因為急著說話，沒把話先在腦中思考過，所以套用公式最快？或者只是平常習慣怎麼說，先那樣說，而沒辦法細究文字使用的輕重，或者履行承諾的可能性？

我覺得認真對待他人的話，是一種尊重。

真誠有時候顯得天真軟弱，也常被利用、被傷害。不過，有真誠才能談尊重與信任，那是親密關係的核心。

講到溝通，其實我更在意，雙方要懂得「喊暫停」。有時候我們在氣頭上，只想保護自己的心情，已經沒那麼在意搞清楚事情，談話焦點變成一些雙方之間原本可以忽略的微小差異，「我們」只剩下「我」，離開現場是保護彼此。

溝通的第一步是傾聽與同理，搞清楚對方在講什麼，理解對方的心情，其實要花一點時間。先耐住性子，靜心觀自己、觀對方，是我跟年輕人談到愛情的重點。

如果有心力，還可以確認自己聽得對不對。這是一種尊重，一種不預設對方講的其實沒什麼的態度。溝通很重視氣氛，這一點常被忽略。

很多事無解，那麼多使用輪流與折衷。有時候讓對方主導，我們開放心胸，過過對方想要的生活，然後交換主導權，避免自我中心。有時候是雙方各退一步，中庸之道，關係長治久安。

在輪流與折衷的過程，就是找到關係裡的平衡點，再「磨」出默契，很多不同類型的關係都可以試試看。

# 因為你不認真

一位媽媽在檢討孩子的期末考成績：「其實你做得到，考一百分都有過，為什麼這次只考85分？」

孩子似乎很沮喪：「我也不知道！」

媽媽繼續說：「就是你不認真，要你少看一點電視你不聽，現在得到這種結果，活該！」

我們很多時候，跟孩子的互動，過度以大人為主體，剝奪了孩子的成長空間。是大人的喜好，是大人的定義，是大人的要求，在決定孩子的一切，所以結果變得很沒彈性，接下來就是盯著看，大人說的話，孩子到底有沒有照做？沒照做，那就把孩子生活中發生的所有負面的事，拿來做為指責的依據。

用結果來否定自己既有的努力，這種人生態度，是情緒困擾的重要根源，我們擴大了挫折對我們的負面影響力，阻礙了我們的前進。大人沒有成長，又把這種價值觀傳遞給孩子，才是讓孩子無法面對負面結果很重要的原因之一。

6月7日

# 我們對自己來說，肯定很重要

一位朋友遇到了些挫折，有點喪氣地說：「其實我根本沒那麼重要！」如果單純就這句話來說，我也認同，因為我也覺得在這個世界上，我沒那麼重要。然而，要看我們怎麼定義「世界」？怎麼定義「重要」？

我以前在幫助一個孩子的時候，那個孩子的人生有重大挫折。那個時候，他的世界像是崩解了一樣，父母的婚姻出問題，他又沒辦法面對學校的壓力。他就是很痛苦、常哭，連大人都不知道，哪裡才有出口？

他原本是個樂觀快樂的孩子，被折磨得對自己失去了絕大部分的信心。然而，他天生的求生本能，並沒有讓他放棄。路是很難走，可是他沒有停下來，繼續生活。跟他對話，我深受感動與鼓勵，這對我就很重要。

他大概很難想像，他是一個孩子，又正是沒什麼能量的時候，然而，他的話還是對我有些幫助。他的世界雖小，也充滿困境，可是，他還有很多重要的事情，沒忘記要去面對，像是面對他跟我之間的關係，他依然真心誠意。

這個世界，可以大，可以小。小到家庭，小到個人，小到起心動念，那很難有人真的不重要。至少，我們對自己來說，肯定很重要。

6月8日

# 什麼都不滿，自己先受害

一個人只要對自己有一定的自信，又非常討厭另外一個人，就會常依著自己的情感，放大對方的缺點與錯處。

做得多的人，本來可以被檢視的地方就多。只說不做的人，頭腦都放在監督與評論，就有時間花心思把對方講得一文不值。

就像有朋友說過，如果名嘴真的這麼厲害，那為什麼他不是總統？

但越是這樣，我們重視心靈成長的人，就越要小心，自己會不會落入這種處境？事後諸葛不難，但忘記謙虛，就容易放眼望去，什麼都不滿，自己先受害。

「妳這個沒人愛的！」

阿嬤用台語對孩子說，笑笑的，就是一種喜歡孩子的表現，這我能明白。可是，孩子認真了！

孩子帶著一點點傷心，又天真地說：「為什麼我沒人愛？」

孩子國語雜著台語，講話的聲音童稚爛漫，實在讓人暖心，可以想像阿嬤為什麼要這樣逗她。阿嬤感覺起來很開心，笑盈盈地。

阿嬤繼續說：「因為妳不乖啊！要妳照顧弟弟，結果妳又打他……」

這其實是再平常不過的對話，我願意相信阿嬤沒惡意。不過，沒惡意，跟沒有傷害人，並不是同一件事。從孩子的反應就知道，阿嬤傷到她了。

很多比較古老的教養方式，常用這種邏輯。這種沒辦法就事論事，騙騙小孩、嚇嚇小孩的教養方式，目的雖然是用來約制小孩的行為。但其實有部分是大人用來發洩情緒，宣洩一下教養的挫敗。或者，只是想逗逗孩子，把自己的快樂建築在孩子的痛苦上。

想要好好對待孩子，更要建設我們自己，學會講道理，學會就事論事的眼光。因為喜歡孩子，所以我們變得更好，讓我們更喜歡自己，真是順便賺到。

## 大概是抽到了鬼牌

她跟我提到，一講到對她先生不利的地方，要他調整、修正的地方，先生就會啟動「戰鬥」模式，開始爭論。

她先生只要講「贏」了，就一副好像很高興的樣子。他是家裡的王，自我感覺良好，好像很「罩」得住，權威的一家之主。

爭論時，先生會提出很多質疑，常使用很不可能成立的假設，像是「如果每一個人都像妳這樣想，世界會怎麼樣？」；或者把她的語句倒過來，扭曲她的原意，像本來是「我們要懂得欣賞孩子的正向特質」，他就會講成：「所以我們處罰他，就是不懂得欣賞，孩子就可以怪我們，我們當父母的該死就對了！」

遇到一個喜歡爭辯的人，通常我不太會「正面對決」，爭辯其實對我來說，沒有人會贏。他說理，不管是正理、歪理，我會往情緒那邊去聊。不過，這不是他熟悉的方式，所以通常只有一次，沒有下次。

如果他真的要改變，恐怕也是她這個當事人先改變了，慢慢聊，日積月累，或許有機會。這需要很多耐心與勇氣。先生的武裝卸下，那種正面的循環才能啟動……

她說，這麼難，她大概是抽到了鬼牌，我跟她都笑了。會笑就好，這樣生活就能繼續。

6月11日
有利用價值的朋友

年輕人似乎很傷心，她以為A同學是她的好朋友，因為A同學曾經跟她說，「妳是我最好的朋友」。她以為，這句話的意思，「最好」的朋友，代表只有一個人，就只有她，沒想到，偶然聽其他同學轉述，A同學對其他人也這樣說。

然後，甚至她感覺，自己連「好朋友」也不算。因為A同學從來不找她出去玩，A同學有固定出去玩的朋友。

那種以為得到友誼，但是又失落的過程，每個人長大的過程中，或多或少都會遇到過。只是，她比較執著，已經投入了相當多的情感，結果，經過來來回回討論，她在A同學心裡的位置，就是一個「坐得近，對A同學還有些利用價值的『同學』」。

當然，這些純屬臆測，她也一再被提醒，事實如何，只有A同學本人知道。至少以目前得到的資訊來判斷，情緒不用放那麼多，期待不需要太高，信任不必那麼重。距離可以拉長一點，再多花一點時間，搞清楚自己到底在什麼位置？還有，自己有沒有可能發展其他的友誼？

對朋友忠誠，就代表要斬斷其他的友誼，不是不可以。而是當事人需要明瞭，當唯一的朋友背叛，自己能不能承受得了?!

6月12日

# 是金玉良言還是廢話連篇

家族裡或各種社會組織或階層的閒言閒語，從來不會少到哪裡去。他人的言語防不勝防，保護自己的最好方法，就是讓自己過得好。

我們要有自己堅定的方向，我們要滿意自己的生活，我們對於外人言語，才更有抵抗力。相反來說，反而是過得沒那麼如意的人，更容易受到這種言語的影響。其實對我們不見得那麼重要的人，他的言語卻對我們有著影響力，通常是我們自己也部分認同他的言語，才會忍不住情緒跟著起舞。

讓自己過得好，除了在物質方面，最主要還是要在心靈層面下工夫。因為他人的言語，可能是金玉良言，也可能是廢話連篇，還是要靠我們自己去認定。這需要有充分的知識，以及有邏輯的思考方法為後盾。

像是，我們對人性可以有多一點的了解。那麼，他人的言語，到底是基於什麼樣的立場出發，在文化脈絡下可以怎麼定義，我們的視野會比較清晰。

還有對方所說的言語，是不是只拿來要求別人，自己有種種理由可以豁免？這就叫雙重標準，很沒說服力。

他人的言語對我們能有什麼樣的幫助，那終究要回歸我們平時的內省。祝福各位，能用過好自己生活的方式，來保護自己。

他跟媽媽在某個觀念上過不去，他媽常說：「他畢竟是你的爸爸，你要尊敬他！」

他們家的狀況是，爸爸喜歡喝酒，晚上喝完酒回家就要裝老大。每一個人都要聽他訓話，每一個人都要輪流被他罵一罵，罵到他覺得夠了，大家才可以去睡覺。

他爸是有拿錢回家，可是，很苛扣大家的生活費，卻對自己在外面喝酒非常大方。他真的無法尊敬爸爸，可是媽媽的觀念非常守舊，而且很希望他學會尊敬爸爸，所以他連跟媽媽相處都感覺有疙瘩。

也許堅持著傳統價值，會換來一些安全感。可是，他媽媽如果沒有成長與學習，人生就被自己的想法卡住了。只是被動地等著什麼，像是丈夫的改變，但是她不會知道，自己如果成長，會更有機會幫她的丈夫一把。

決定我們怎麼過人生的，常常不是我們自己，而是我們僅僅抱持的、不明所以的信念。

他媽需要被鼓勵，而他自己需要勇氣，去建立獨立於媽媽的價值觀，忍受著不被贊同的壓力，走上自己的路。上路前要準備好一些乾糧，也就是他的經濟獨立，有時候在空間上也要拉開距離，才有足夠的清靜空間，去把事情想清楚，再回來面對爸爸媽媽——他這輩子無法逃脫的牽掛。

6月14日

## 可不可以多一點相處時間？

在情愛關係中，彼此能接受的距離遠近，常是要磨合的關鍵之一。有人想要沒事就黏在一起，有人則希望有多一點自己的空間。

關係常有共通性，在婚姻裡面，也會有類似的糾結。

年輕人決定結婚的時候，哪裡能想到那麼多，看對方不討厭、能過日子，就在一起了。婚後的房子公婆也幫忙出頭期款了，好像一切比一般年輕夫妻順遂很多。

婆家親戚都住附近，所以一起活動是常見的狀況。對先生來說，「順道」載公婆或大姑去什麼地方，是很自然的事。不要說假日旅遊，平常晚上吃飯，常常是跟婆家一大家子人一起進行。

親情填滿了他們之間的空間，愛情消退的速度快到嚇人。她曾經跟她先生提過：「可不可以多一點兩個人相處的時間？」

她先生不知道是裝傻，還是真傻，常回：「是家人就要常見面，我們也都有一起相處，這不是很好嗎？」

以這個例子來談，先生要多重視太太的感受，先以新家庭能順暢運作為優先，再重新跟原生家庭找到適當的連結方式。

在目前的社會，這種說法會衝撞到一些舊有的價值觀。要取捨，就要有某一方能承受心理上的挫折，願意改變才行。

# 愛說反話的長輩

她遇到了一個愛說反話的長輩，長輩常會說，「我老了，腦袋不中用了！」，她就以為長輩真的是這個意思，然後她就自然地順著這句話講，像是要不要去醫院檢查之類的話，之後長輩的臉色一直不是太好看。

事實上，當長輩說，「我老了，腦袋不中用了！」常常就是要cue晚輩講一些好聽話，像是「妳還很健康耶，比我都還健康！」、「有時候我都忘記的事，妳還可以記得很清楚！」……

她聽一聽，說我實在太矯情了。我只能苦笑，告訴她，很多長輩都期待晚輩能逗他們開心，要把他們放在第一位。簡單來說，就是嘴巴要甜，要哄、要安慰，表面工夫要多做。有時候，實際上真正出很多力的晚輩，還不見得更能討長輩歡心。

她說，那她寧可做自己。不過，做自己並不容易。

她的「做自己」，恐怕是比較傾向「不想改變」。可是，如果真要做自己，那心理界線就要切得很清楚。也就是在不蓄意傷害他人的情況下，我們的心情，不會那麼容易隨著他人的反應而波動，到這種境界才是我心目中的做自己。

真的做不到講好話，裝傻就好，不必得要接話。寧可讓人覺得自己拙於言語，可以換來比較清靜的心理空間，這樣也不錯。

# 我才不會被騙

聽爸爸叨念的年輕人一直保持沉默，爸爸數落了一串之後，講到了要把棉被摺好，年輕人才開口：「專家說，不摺棉被比較能殺死塵蟎！」

爸爸回說：「我活這麼大歲數，還沒聽過這種說法，那我們年輕當兵的時候，每天都要摺棉被，這麼多年大家神經都有毛病是不是？不要為自己找藉口！」

年輕人說：「等一下，我拿手機查給你看，專家真的有這麼說！」

爸爸哼了一聲：「不用了，專家都在騙你們這些不用大腦思考的人，我才不會被騙！」

爸爸這一句話，堵住了大家的嘴，好像誰再多說，就是不用大腦思考，自討沒趣。

不少男性講話的方式都類似這樣。特別是對孩子，因為爸爸的年紀一輩子總是大過孩子，所以好像有錯都在孩子，爸爸不會錯一樣。

孩子也是有理智的，孩子所說的話，也會經過思考。不是孩子的每句話，都是懶惰與藉口。常否定孩子，是想教出什麼樣的孩子？

以前長久這樣做，大家都這麼做，就直接接受為對的，用來否定他人。這樣的邏輯，才是不用大腦思考。

關於摺棉被，我想跟這位爸爸說，年輕人的說法有些道理。最好再把棉被翻過來，透氣通風，這樣比較健康，真心不騙！

# 抹黑外面世界

為了跟孩子的關係更緊密，有時候家長會把外面世界的危險性誇大，讓孩子驚恐，對人群產生不信任，然後反過來突顯只有家長不會害孩子。

外面的世界是有危險性，但在家裡其實也會有。教育孩子，是要幫助孩子學會判斷，能自我保護，也懂得信任，被背叛也知道怎麼療傷。而不是乾脆躲在家裡就好，用敵意來抹黑外面的人。

此外，所謂「外面的人」，有些家長也會操作成，像是孩子的戀人或配偶。所以媳婦、女婿如果不被對方的原生家庭接納，始終被視為外人，這是原因之一。

這個歷程，不知道製造了多少悲劇。可是，不會建設自己，所以只好透過破壞他人，來相對地讓自己更好，這個模式，在我們的文化裡，眼看著短期內，很難就此打住。

這歷程到最後，受害最深的，就是孩子。不但比較難建立圓滿的新關係，也會被家長養成一種習慣，在感情上想得到而不想付出，這更是破壞關係的惡性循環。

只是，被扯進這種關係裡的人，到最後等到快要掏空自己之後，才能明白這個道理。或者，沒辦法醒悟，只留下怨恨。

6月18日

# 我們的要求很簡單，為什麼對方做不到？

最近跟朋友聊到，我們自己也許覺得，我們的要求很簡單，為什麼對方做不到？

我曾經遇過一位爸爸，他堅持不做家務的理由，是只要他開始做，他太太的要求就會越來越多，不太可能讓她滿意，他太了解她的個性了，乾脆一開始就不做，被念就算了。

如果我們常依賴他人給予，不管是物質或情感，那抱怨他人，就很容易成為我們生命中常出現的情節。因為人的慾望無窮，平常沒有修身修心，常不容易覺得足夠，常覺得對方給的不夠多。自己心裡有個黑洞，要對方來填，只怕對方也會筋疲力竭。

別考驗人的慾望深度，包括自己的慾望。別輕易以為，不想靠自己努力，只想從對方身上得到的，「只是」簡單的東西。如果能輕易地從對方身上得到，那人性通常是會拚命想跟對方要，而不是辛苦一點靠自己努力。

6月19日

# 「熟能生巧」的行為模式

關於一個人的童年經驗，對成年之後的影響，我比較不是用決定論來看，而是偏向「熟能生巧」的角度。也就是，小時候「練習」那些想法、情緒、行為產生等心理歷程的次數比較多，將來長大之後，比較容易沿用過去熟悉的模式，面對目前的互動。

又因為每個人的心理活動雖然不同，但相對不易覺察，也沒有在教育的過程當中，進行系統性的比較與歸納。所以，我們投入在升學考試科目的時間精力，可能比觀照我們內在的情緒與想法，檢視我們行為產生的過程，要多得多。因此心理歷程的修正，可能在覺察不足、相關知識不夠，甚至是社會文化的壓抑下，產生了困難。

譬如說，在《療癒誌》裡面回顧了我們的家庭排行。如果一個哥哥，面對傳統的父母，期許他是一個主動負責的人，但是又要面對一個比他更想當老大的弟弟，那他就裝弱，以求取和諧。這位哥哥，至少在家庭中，會有兩種角色扮演。在父母面前主動負責，在弟弟面前裝弱，長年下來，可能成了兩種行為模式的原型。長大之後，遇到權威者，或遇到強勢的同儕，這兩套行為模式可能就不知不覺地，被拿出來使用。

過去經驗對現在與未來的影響，可能因此隨著時空變換而持續著。

6月20日

## 話講不完的孩子

孩子講的話，如果能被耐心傾聽，父母以學習的心態面對，甚至父母的行為，願意為了孩子說出口的道理而改變，那孩子是講不完的，因為很有成就感。

這就要真正把時間交給孩子了，練習多聽、少說。我們現代人忙，親子都一樣，都沒什麼時間。當時間一短，常有的互動就是發出命令與接收命令，別說談心情了，不吵架就不錯了。

有時候，家長平常沒有跟孩子聊天的習慣，回到家，也忙、也累。突然想到，就把孩子叫過來，要孩子講他在學校的狀況，聽過有位年輕人說：「這樣很奇怪耶！」

有些年輕人喜歡下午茶時間，有些家庭的習慣，是睡前，或者在飯桌上。有時出外旅遊，年輕人的話匣子就會打開。我們大人要社交，有時會選燈光美、氣氛佳的地方。這個原則，放在親子一樣適用。

6月21日

# 難道，還要我求你說嗎？

家長想知道孩子的心裡在想什麼，但是孩子很少說，或甚至不說的狀況，不少見。家長很擔心：「萬一哪一天我知道的時候，已經闖了大禍，該怎麼辦？」

這一代做家長的真委屈，因為所有的要求都對著家長來。想幫助孩子，姿態還要放得很低，光是這個心理關卡，就要花一些時間突破。

「難道，還要我求你說嗎？」這是我聽過某個長輩，情緒準備爆發之前，半威脅地對他的孩子說的話。

有些孩子，確實是不會說，或說不出來，這屬於表達能力的問題。

我最常碰到的狀況是，孩子只是想分享心情，輪到家長，就開始說教，講得頭頭是道，然後孩子閉上嘴。還有些時候，家長很沒耐心聽孩子說。孩子的話也許有些不成熟，所以有些家長會直接打斷：「照我說的做就對了！」不想再繼續聽下去。

有時候，孩子們會想，「如果是我自己可以處理的事，就不想麻煩爸媽」。因為只要跟大人說，大人常常會把負面的部分誇大。

家長出於關心跟愛護，但是那種焦慮太強大了，強大到邏輯非常的簡化與跳躍，孩子根本沒辦法接受。

所以，可以簡單說，就不多說。

6月22日

# 想像足以傷害自己一遍又一遍

報復是受到傷害之後，很常有的想法或舉動。藉由看到對方痛苦，來感覺自己沒那麼差，來出一口氣。這個過程，其實沒什麼建設性，最後常比的，就是誰比較能承受傷害，比較晚倒下。

有時候，當事人受傷了，要自己記得恨。用想像的方式，想像著對方將來將會如何如何地苦，或者自己要用什麼手段怎麼讓對方難看，用這種想像來緩解自己的痛。

光是這些想像，就足以傷害自己第二遍、第三遍、第四遍……在心裡充滿恨意，先傷到自己，這跟對方不見得有關係。然後，把自己心裡所有的烏煙瘴氣，全部都怪到對方身上，這也不公平。

遺忘是上天賜給我們的禮物，有些事，忘了也好，生活比較好過。那如果我們自己硬要自己記得他人對我們的傷害，那是我們跟自己過不去。

6月23日

# 他是他，我是我

有人不但被自己的情緒牽著鼻子走，也要別人跟著他的情緒走。寧可花時間力氣，要別人安撫、滿足他的情緒，讓雙方為此煩惱、衝突、心痛，也不願意把自己的心情處理好。

情緒只是人的一部分，人還有理智與行為。讓情緒主宰一個人，其實也可以，如果這個人住在孤島上，愛怎麼發脾氣都沒關係。

可是，只要有其他人在，他有情緒，別人也有情緒，不是他的情緒就比較重要。這時候，沒有功能良好的理智，沒有適當的行為，人與人之間就容易陷入混亂，大家都不好過。

況且，情緒也可以有正向與負向之分。通常被情緒牽著鼻子走的人，這情緒通常是負向的，沒讓正向的情緒好好發揮作用，沒去醞釀、沒培養。

一個人被自己的小部分影響，就會偏頗，失了穩重與核心，就不夠全面，做事容易失分寸。然後失了分寸，就責怪別人，不去思考源頭是自己沒把情緒管好。

他沒把情緒管好，我們不見得要跟他一樣。跟他相處有壓力，但我們沒把跟對方有關的情緒管好，我們也會有壓力。

他是他，我們是我們。要能清楚切割，那就別把我們的情緒，跟他纏在一起，多發展我們自己的生活比較重要。

6月24日

# 為了幸福與安定去做的「事」

我對於做家事，有很深刻的體會。「家事」的重點，先是「家」，然後才是「事」，為了維持一個家，為了幸福與安定去「做」的事，是我對做家事的想法。

我從小要辛苦工作，有時候過了凌晨時間，大家都睡了，我們還沒停止。超時工作傷身，但不怕吃苦是福。

我帶的孩子，有時候會因為做家事，跟家長起衝突。但是根據兒福聯盟的調查，習慣做家事的孩子，「家庭幸福感」比不做家事的人，高出4倍之多。為了維持家庭的運作，而付出自己的辛勞，更能珍惜自己的家。

每週會做1到2次家事的小朋友，2成3的人覺得家庭氣氛很好、3成4感覺家人之間的互動不錯、一半以上對現在的生活感到滿意，各項數據都遠高於不做家事的孩子3到4倍。

重點不是真的做了多少事，而是陪伴、參與的感覺。

做家事，也可以減少孩子沉溺3C的機會。全家一起來，找回慢活的節奏，有些家庭成員之間的談心時間，還有紓壓的方式，其實跟做家事有關。雖快不趕，事情永遠做不完，放棄完美主義，先生也多一點體諒與協助，太太少一點嫌棄。家裡的事，就是大家的事，大家一起做事，革命情感能凝聚，珍惜感恩就不會忘記。

6月25日

# 培養孩子體會責任與合作

台灣已進入服務業社會，服務業社會除了態度與服務之外，還重視團隊合作。做家事，能讓孩子提早體會責任與合作的精神。

可以試著把一樣工作，同時排給兩個孩子做。如果家裡是獨生子女，就加入爸爸或媽媽。兩個人一起做，就會有協調與合作的問題。我們把工作交給團隊，那這個團隊中的個人，就要學習把「我」提升到「我們」的層次。自己做不好，可能讓兩個人一起再被要求；兩個人都做到了，那就是兩個人一同被稱讚、鼓勵。

做家事，不見得一定只有拖地、洗衣才算。孩子慢慢學會照顧自己，減輕父母的負擔，也算家事。所以，我常常跟孩子一吃飯就一、兩個小時，孩子會幫忙擺杯盤，自己用筷子、湯匙、叉子……。此外，跟孩子聊天，吃得開心，也需要時間。吃飯就是生活的重要部分，教導孩子好好吃飯，孩子學習享受美食，對孩子就是種好的生活教育。

幸福做家事，做幸福的事。做家事是為了整個家，別再為了讓孩子念書，什麼事都不讓孩子做。孩子有能力付出，感覺自己被需要，對家庭有認同感，這比成績多少，還要重要。

## 6月26日

# 有空再跟我的生氣對話一下

他才青少年，講起話來口不擇言：「老師，我覺得你的po文都是廢文，我都看不懂！」

「喔！」我只能這樣回應。

有時候年輕人會習慣快速產生互動，而有一些挑釁的言語。在他們來說，好像沒什麼大不了，可是如果對方也用這樣的言語跟他說話，就容易弄假成真，開玩笑變爭吵。

我感覺這位年輕人因為看不懂文章而挫折，但是有挫折又不好意思大方承認，所以話裡帶刺，先聲奪人。

「可是，我想看懂啊！因為我常心情不好，你不是心理師嗎？像我剛才聽你講話，都是廢話，沒有一句會讓我心情好。你這樣算是心理師嗎？」

我感覺中火在往上冒了，等一下我有空再跟我自己的生氣對話一下。這是青少年自我中心的現象，好像他的需求就該優先被滿足，自己不付出，就想看到收穫。

我實在沒有心力去同理他了，只能給他一般性的建議：「心情不好，可以多運動、睡飽，少打電動，含糖飲料少喝……」

他沒等我說完，就打斷我：「謝謝你喔……」

他逕自走開，表情相當不耐煩。還好我的大火還沒啟動，我感謝上天，他自己結束了互動，不然我還要傷腦筋想個理由先離開現場，防止我突然變身。

6月27日

# 家庭中的愛，多了許多無奈

在家庭當中的愛情，會比只是單純戀人那般，複雜很多。如果單純是戀人，大致上搞清楚自己還愛不愛對方，是決定關係是不是要繼續的主要關鍵之一。

可是，在家庭中的愛情，常常要計算著，離開對方要花多少成本，會牽扯多少人。很多時候是真的滿心想要離開了，可是因為牽扯甚廣、成本太高，只好勉強試著再相處看看，或者只求不引起衝突就好，或者想學習怎麼再愛上對方，找回最初的感覺。

用比較簡單的方式說，家庭中的愛，會多了許多無奈，還有種種不得已。這樣的愛，艱難多了，也容易消磨彼此的情緒，到最後即使有愛的感覺，也很淡很淡了。

所以家庭中的愛情，我比較希望從友誼來談，至少感覺親近，讓關係比較能持續下去。友誼中也能溝通交流，現實的問題，也比較有機會獲得解決。

多一種方式來說，家庭中的情感，最好以務實為基礎，而非單純的情感喚起，比較長久。

6月28日

# 做久了被當作應該，沒做就變成該死

他因為喜歡自我精進，所以舉凡單位同事不想要參加的課程，都拜託他參加與簽到。剛開始他真的蠻有興致的，直到孩子出生之後，為了多陪孩子，自然得把一些額外的課程排開。

這下子，各種壓力就來了，他突然感受到一股已經形成共犯結構的黑暗勢力。最可怕的是，主管也是他去參加課程的受惠者之一，在態度上，算是默許了這樣的壓迫。

「做久了被當作應該，沒做就變成該死。」

他的怒氣可以理解，因為同事們開始展開各種道德綁架。他也才體會到，所謂道德，常用來要求別人，不是拿來要求自己，然後，要他人心甘情願地犧牲。

他想繼續工作拿薪水，暫時不考慮換工作，又想回家陪小孩，一人要對眾人，只好撕破臉，開會的時候把合約搬出來，什麼道德都拉到法律層次來談。主管藉著其他事情念他，說他太有自己的想法，瞧不起人，配合度不高……等等。他也只能忍著，還真忍了一年多，才找到另外一個工作。

有時候，為了現實，為了家庭，容忍比自由更重要。所謂容忍，並不是只有壓抑，而是積極地面對自己的情緒，搞清楚自己的目標，去承受、去消化一些必然的阻礙。那是練自己的經驗值。

# 讓八卦止步

當你敞開心胸歡迎他人的時候，要小心。真心在意你的，常是少數，很多人，只是想要找到八卦的題材。

在大一點的辦公室，或者親戚裡面，總是找得到，那種喜歡探人隱私，又消費他人隱私的人物。如果個人資料經過隱匿，作為通則性的討論，那是還好。偏偏，常常大家都知道在談的是誰，甚至指名道姓地談，可能私底下把人罵到一文不值，但表面上又是以兄弟姊妹相稱。

八卦，或者道聽塗說，傷害性最大的部分，常常是講者自己的拼拼湊湊，不見得是事實，又損害他人名譽。滿足了自己的偷窺慾，卻又種下人與人之間的疙瘩，相處可能因此產生芥蒂。

討論八卦好像滿足了些什麼，但是對我來說，平靜的價值更高。所以，讓八卦在我們身上止步，多說說好話，讓家庭、人際及社會都和諧一些。

6月30日

# 對孩子再不捨，也別越界

她跟我分享班上一個學生的狀況，雖然才低年級，可是看起來比實際年齡還早熟了。她的困擾是，孩子很容易被「挑釁」而生氣，事實上根本沒有人挑釁他。他最常說的一句話就是：「不要逼我出手喔！」

她有一次機會跟媽媽聊，有一點點嚇到，其實夫妻兩個人比她還年輕，可是常講一些上一代的舊觀念，好像現代父母裝著老靈魂那樣。她跟媽媽說，要試著跟孩子當朋友，聽聽孩子的想法。媽媽說，爸爸說這種想法是社會的亂源。家裡的觀念，是長幼有序、尊師重道，早上要請安、回家要問好，小孩子不要有太多意見……

聽媽媽這麼說，她就不敢再講下去了。她問我，該怎麼辦？

我說，在她班上，盡可能讓孩子坐得離她近一點，發生事情可以及早處理，也會比較知道事情的前因後果。如果可以，孩子的旁邊安排一些情緒比較穩定的同學，會有一些幫助。另外，偶爾找事給孩子做，有轉移注意力，或者讓他喘息，情緒穩定的效果。

我提醒她，她對孩子再不捨，也別越界。她只是老師，不是孩子的父母。

# July

7月1日
妨礙自己幸福的方式

她說，她希望像某位親職教養專家講的，「只要找對方法，帶孩子可以很輕鬆，可以很優雅」。輕鬆、優雅，是她嚮往的境界，跟現況真的差太多了。

很多媽媽連睡都睡不飽了，特別是職業婦女，蠟燭兩頭燒。談輕鬆、優雅，真的太遠了，先能睡飽再說吧！

我建議她，先回到照顧自己來談，把自己的時間規劃、情緒管理方式弄清楚，先找到能調整的地方。尤其是她的壓力大到讓自己有入睡的困難，這點如果有機會改善更好。

特別是她似乎有思考「反芻」的現象，也就是用重複但沒什麼效果的方式，去面對她的問題，反覆在大腦重播她的困境與背後的原因。這很容易讓她有憂鬱與無力感，不管她做什麼去轉移她的注意力，只要一有空檔，她的思緒就會回到教養的挫折上。

我提醒她，一個人要能看到別人的優點，自己的狀況不能太糟。自己不但疲憊，情緒又不好，還要「強迫」自己看到自己與別人的優點，自己做不到就覺得自己不應該，那是無形中又增加了自己的壓力。

一個人把幸福的標準訂太高，就是妨礙自己幸福最好的方式。

7月2日

## 自己不尊重自己，別以為就能換得對方的尊重

一般來說，我談原諒的時候，是為了當事人自己的寬心。把恨記著，自己心裡不安寧，那又何必？影響不了對方什麼，卻苦了自己。

所以我談理解、諒解、和解，分這三個層次，會比較好談，我們與對方的關係，要進到哪個層次。很多時候談原諒，其實已經談到了和解的層次。

譬如說，對方做錯了事，但對方一直不認。如果我們真的很在意這段關係，在意到願意委屈自己，那還有可能幫對方找理由，自欺欺人一番，讓這件事就這樣過去了，能維持住關係就好。

這樣的原諒（或者和解），實在過於廉價。一段關係要能維繫，最好要以真誠為基礎。此外，雙方要互相尊重，得不到尊重的一方還是要把這種狀況表明，因為不平衡的關係，本來就容易破裂。

對方做錯了事，也許對方有他的定義方式，或者他真不認為做錯了，那是對方的事。可是對我們來說，我們怎麼定義，怎麼看一件事，我們有我們的看法，這個不能模糊，要讓對方知道。

連我們在意的是什麼，都為了怕衝突、怕傷害關係，沒表達清楚，那這種事就容易一而再、再而三。委曲求全，那是我們自己不尊重自己，別以為就能換得對方的尊重，這很不容易。

# 成了自己的陌生人

我聽過一些成年子女分享，似乎自己要對老父母的心情，負很大的責任。我們不難想像，這樣的「責任感」，是經過什麼樣的教育過程，慢慢讓孩子扛了起來。

所以我看過很小的孩子，看到媽媽流眼淚，就會開始耍寶逗媽媽笑。再講得深一點，孩子也可能藉著自己的困擾行為，吸引父母的注意力，讓父母暫時不必為婚姻問題爭吵不休，那孩子反而會因為父母放下彼此間的糾結全心關注著他，而獲得強化，持續這種具有病理性質的行為。

然而，最能為自己情緒負責的人，就是自己。如果有人要為另一個人的情緒負責，通常會屢屢遭受挫折，然後又因為注意力多往外而少往內，那就成了自己的陌生人，對自己的形象模模糊糊的，幫不了別人，也忽略了自己。

通常，我們會想要為另一個人的情緒負責，大部分是因為那個人過得不快樂。如果對方讓自己過得歡歡喜喜，或者常感覺平靜，我們自然會有更多的時間探索自己的情緒，然後也容易受對方的好心情感染。

我們很難為別人的情緒負責，要孩子負責大人的情緒，更是殘忍。可是，我們可以藉著自己的情緒，去影響別人。

7月4日

# 探索孩子的情緒比處罰重要

孩子做錯事，我首先會希望家長探索孩子的情緒，而不是一下子就跳到處罰階段的原因。也就是，我們不能只注重教養的形式，其實內涵更重要，搞清楚孩子的思考理路、情緒轉折，藉此讓孩子做對自己有利的判斷才是關鍵。

譬如，孩子偷東西，是什麼時候開始想偷？受到了什麼事件的影響？是什麼原因選擇某個目標偷？想偷的時候是什麼心情？偷的過程是什麼心情？偷到之後又是什麼心情？……

所以，光是探索這些細微的發展變化，就要花上不少時間。每一個轉折，每一種心情，都可以再探討，還可以怎麼做？還有什麼選擇或替代方式，來滿足自己？

有需求不可恥，雖然社會文化對某些需求，大致上採取壓抑的方式處理。可是，壓抑之後沒消化掉就可能會爆發，爆發的結果有時候又讓我們難以承受。

某天的新聞，一個晚上接連兩起傷人的事件，傷人者都年輕，甚至一位未成年。處理情緒的方式實在不夠成熟，要預防還是要回到根本的教育去著手，可惜，這並不是正規教育的重點。

爸爸媽媽們，這些事還是要我們自己來教，有時候孩子又不想聽、嫌煩，真是兩難。但是，不教又不行，即使我們自己，也一面擔心驚恐著。辛苦了！

## 7月5日

# 當媽媽可以倦怠嗎？

她找我討論，當媽媽可以倦怠嗎？

說起來，一般勞工每個月會有薪水，所以起碼每個月都能看到自己努力的成果。然後，除了例假日，還可能有特休，還有再另外請假的權力。

當媽媽雖然是這世上最困難的工作之一，可是沒有固定的休假，只能自己找零碎的時間喘口氣。做得好是當然，做不好還可能被嫌棄。

每天雜事一堆，可是永遠做不完。然後學校給孩子的功課，其實有些是要家長執行。然後一做又要做十幾廿年，算是孩子成年之後，才暫時可以輕鬆一點。

說實話，哪個工作我們能保證，我們一做就能做十幾廿年？而且那還只是暫告一個階段而已，基本上，通常當媽媽會當一輩子！

那還只是講到照顧孩子、照顧一個小家庭，有的還要兼照顧老人家。

我們的文化，喜歡壓抑情緒與人性。已經發生的事，要當作不存在，這樣要統整我們的身心，其實更困難。像是媽媽覺得當媽媽的人不能倦怠，要時時表現出堅強媽媽的樣貌，就是其中一個例子。

這似乎不是可不可以的問題，倦怠感產生了，就是已經存在了。有情緒我們得先辨識與接納，怎麼表現，怎麼處理，那是後話。

7月6日

## 在意自我的優越，可能是為了掩飾內在軟弱

自我中心的人，自我比較不成熟，不一定是缺乏自我。像是有些自我中心的朋友，對自己或他人的感知能力較弱，所以表面上看起來自我中心，其實個性本身很單純。

還有一些自我中心，單純是為了自己的方便與利益。通常背景比較強勢，或者資源比較多的人，為了鞏固既有的優勢或地位，會採取自我中心的態度。這樣的人的自我，可能藉著讓自我感覺比較優越、高人一等，以掩飾某些內在的軟弱。

有些朋友，常想要感覺到「被他人需要」，來提升自我的價值。對方真的有什麼需要，他們不見得看得那麼清楚，自己的「被需要」，倒是要不斷在關係中強調。如果這樣的人感覺到不被需要了，那就會陷入恐慌，好像價值真空了。

願各位朋友，重新建構自我價值，我們至少被自己需要，我們的身心需要我們時時保養照顧，這一點是確定的。他人不需要我們，我們就把自己變得更好。關於這一點，態度轉變就做得到。

# 7月7日

## 把孩子教得過度順從，孩子長大會無所適從

一位家長講了很有智慧的話：「把孩子教得過度順從，孩子長大會無所適從！」這段話，真是讓我深深地認同。只可惜，「聽大人的話」、「聽話才是乖小孩」的講法，依然是我們文化中很被重視的價值觀。

孩子過度順從，沒有磨練出自己的判斷能力、邏輯思考能力，在投入職場與社會之後，需要大量的決策。這時候，父母的知識不見得跟得上時代，更不見得時時在孩子身邊，孩子便可能無所適從。

其實，大人要孩子聽話，只是把孩子遇到問題的時間往後拖而已。有時候大人不想想那麼多，只想要眼前輕鬆。

讓我們從根本想起，為了讓孩子「聽話」，我們用了什麼手段？

正向一點的方式，是鼓勵，偶爾我們也說理。不過，相對來說，負面的方式通常頻率更高。說理、鼓勵，很花時間，需要有很多愛心與耐心，父母自己需要刻意去培養。

教育孩子就是要花時間，要想清楚為了孩子好，所以我們有要求的理由。我們有什麼困難就明說，不用呼攏孩子，讓孩子早一點知道，父母也不完美，很多能力也有限。這一步能踏出去，我們自己會先變得更成熟，孩子更有機會從我們身上學習與成長。

7月8日

## 知道自己的價值，能更有面對難題的勇氣

「唯有在喜歡自己、認為自己有價值的情況下，人才會有面對難題的勇氣。」

這個句子出自岸見一郎先生提到的喜歡自己，這一點我有不同的看法。因為「自己」包含的範圍很廣，從外貌、能力、出生背景……，都算是自己的一部分，要都喜歡很難。

對我來說，喜歡或不喜歡，相對沒那麼重要。重要的是盡可能認識自己，接納自己的現況，以此為出發點前進，會有比較扎實的基礎。

但是，知道自己的價值，能更有面對難題的勇氣，這我相當認同。那種自我放棄的孩子，在臨床上見到，真是心疼，人生沒寄託，總是達不到父母的要求。孩子反映出來的，就是父母「口中」孩子的樣子。

覺得自己有價值，也會比較有機會建立正向的關係。孩子也能從父母身上，學到如何肯定他人的價值。

一再翻舊帳，然後找對方算帳，不要說是對孩子，對所有關係，常是壞處多於好處的方式。說不定唯一的「好處」，就是能逼對方在有能力的時候，能主動離開關係。

# 7月9日

## 罵孩子常常只是敷衍

朋友發現，在遊戲場這種地方，常見到某些小朋友很喜歡動手動腳，欺負其他同儕、或者更弱小的孩子。可是，家長常顧著聊天，也不看好自己的孩子。結果出事了，其他同儕哭了，這種家長就是罵小孩，罵完之後，有些也不一定會道歉，常繼續聊天，小朋友繼續滿場飛。

小朋友會欺負人這種狀況，家長應該事前就會知道。既然到了遊戲場，就要看好自己的小孩。真的出事了，要不然就是先不要聊天了，跟在孩子旁邊，管管孩子，要不然就是帶孩子離開。罵小孩，根本解決不了問題，只是想要敷衍，爭取一點時間，讓自己可以繼續聊天。

朋友說，管教管教，就是要管也要教。不管不教，只想著罵，那怎麼會有效？

我分享我的看法，罵人不是不可以，但是比例不能太多，容易變成自然噪音。罵人要罵到讓人悔過，最重要的，還是要罵得有道理，要知道怎麼罵，對方才會聽。這更需要冷靜的頭腦，也許帶著一點怒氣，但是不能讓怒氣沖昏頭。自己的頭腦不清楚，那還是不要罵比較好。

7月10日

# 一生是重建自我概念的過程

其實，人年紀大了，有些情緒管理的能力就會開始變弱。個性會變得更偏執，思考會越來越僵化，很多人說會像小孩那樣，但又沒有小孩可愛。這一點，大家變老都有可能會這樣。

很多時候，我們要慢慢放掉，能扮演好乖兒子、好女兒的期待，因為要滿足老人家會變得越來越困難。心態上，有些人開始會把老人家視為麻煩，甚至考慮送到安養中心，因為身心方面的照顧實在不容易，親情反而讓自己很有負擔。然後，又會在心理上難受，一直糾結掙扎著，不能原諒自己，但又拚命幫自己找理由。

有些家庭為了照顧這樣的老人家，甚至會發現，已經開始犧牲一家和樂，連小孩都會覺察，開始抱怨。

一個人終其一生，常在重建自我概念的過程。老人家因為持續往失能的路上走，心理調適不過來，也造成子孫輩的困擾。而照顧者也需要一直調整自己，包括面對自己心中不斷滋生的抱怨，不管是現在與過去。

所以，我希望我們早一點，整理過去跟父母的關係。功課沒有做完的時候，但早做早輕鬆。

# 有「理」才有「禮」

在家庭裡面，常聽到兩種禮讓，「他年紀比較小，你就讓他一下嘛」、「他年紀比較大，你就讓他一下嘛」。換句話說，所有的年紀都可以被讓，年紀其實不是重點，有沒有正當理由有時候也不完全是重點。

我們講「禮」讓，通常是我們主動願意讓才算。如果今天我們是被強迫的，甚至是被威脅的，不讓都不行，那我們基本上，這種狀況就不算「禮讓」，甚至也不算「讓」，就是被脅迫而已。

家庭要和諧，基本的「理」要維繫，有「理」才有「禮」。一個人無理取鬧，其他人一讓再讓，通常會造成越來越大的困擾。

像是在家庭裡面，我們盡可能不說謊，沒有根基於事實，大家很難互動。譬如，我認識有人很喜歡到處東家長西家短，講出來的話，常常不是事實，或者過度誇大，通常是往負面的方向講。自己想引起注意，卻造成家人的困擾，這就不必要了。

想得到他人的注意與關心，要先學著量力而為地付出。而不是把自己的快樂，建築在家人的困擾上。

7月12日

# 堅定的友情，就是傾聽、同理、尊重

我認識一個朋友，對別人講話很敏感。就算講話的內容中規中矩，但是只要語氣有一點點急、不耐煩，或者稍微大聲，她就會感覺受傷，非常玻璃心。如果要不得罪她，講話要非常小心。

可是，這位朋友本身很喜歡翻白眼、癟嘴，或者給人臭臉，她得罪人了，她也不見得有自覺。所以，就算她不故意破壞關係，關係裡還是會有不少情緒累積。

其實，每日相處的親密關係，情緒的流動常常不是很理性，遷怒、投射……等不自覺的動作，常讓人走過熱戀期，或者新鮮感消耗完了，又或者是孩子不再像小時候那麼可愛之後，看到對方就可能會逐漸累積厭惡。很多時候，就是生活習慣的不同、價值觀的落差，讓人在相處上，難以跨越，越來越無奈。

關係不去維護與經營，就容易被這些一點一滴堆積起來的負面情緒消磨耗盡。不管任何關係，能度過這些幾乎是必然的不愉快，培養出堅定的友情，還是關鍵。

堅定的友情，就是傾聽、同理、尊重，有共同的有益身心的活動，這些所支撐起來的。能珍惜得來不易的緣分，不輕易放棄或喊停，這是基本態度。沒有友情的關係，實在難長久。

# 把關係當成避難所

聽到「工作上癮症」這種說法，已經很多年了。這種人常覺得工作做不完，常活在「待辦事項」裡面，而且休息的時候，會有罪惡感。

也就是，工作反而是紓壓的方式。

這種人大部分會很在意自己的表現，重點不完全在自己做了什麼，更重視他人給予的回饋。就是覺得自己要表現到某個水準以上，才值得被愛、被尊重。

又因為自己身上壓力不小，所以容易批評抱怨，也會給他人施加壓力。很難活在當下，不容許自己出錯，容易失眠，衍生身心症，活得很狹窄。

我曾經提過「把關係當成避難所」的概念，就是進入關係，不一定是因為喜歡這段關係，有大部分是因為害怕某種其他的狀態。

同事關係也可以是避難所的一種，雖然同事關係的連結，一般來說，會比親密關係表淺。所以常聽到有人會藉著職務之便，找部屬、客戶、應酬……說是為了工作，其實也滿足自己的親和需求。但可能跟家裡的人，沒幾句話可講，或者關係非常緊張。

做什麼工作、如何做，這跟有沒有認識自我有關。根本不知道自己的個性、優勢、需要，那就不會太清楚，到底工作能不能讓我們發揮所長?!

# 7月14日

## 不是每段關係都可以很親密，維持表面關係也可以

有一次，一位朋友描述她妹妹跟她姪女的關係很差，要怎麼和好？我聽完了之後，我反問，兩個人在這段不講話的期間有變得不一樣了嗎？有成長了嗎？如果雙方都沒有成長，那為什麼會認為彼此靠近之後，不會再次受傷呢？不是每段關係都可以很親密，維持表面關係也可以啊！讓彼此自由，還有其他關係可以發展，也許在其他關係裡磨練好了，回頭能把原本的關係裂痕補起來也不一定啊！

「在關係裡面，雖不能預期，但絕不放棄。」這是我在《謝謝你知道我愛你》寫過的一句話，不放棄不是不放手，是不放棄自我成長。如果我們真的在意這段關係，我們釋出善意之後，耐心等待。然後，讓自己變得更好。

還是那句提醒，如果雙方沒有變得比關係破裂之前更好，那為什麼要重新靠近？有時候就是剛開始太在意對方，結果把自己忘了。正向情感也能讓人迷失，忘了分寸，忘了尊重，忘了自己的不足，拚命靠近，在關係中擴張自己，終至對方喊停。

# 越是失去自我地付出，越容易受到輕賤

人性常常是，越是失去自我地付出，越容易受到輕賤。

於是，得不到預期的回饋，或者得到了負面的回饋，負面情緒累積到一個程度，受害者的樣貌便成形。這時候，受害者的注意力，還是常在對方身上，想報復，不經意地常想讓對方後悔，想看到對方過得比自己慘。

要從受害者的位置走出來，那麼注意力要收回來，回到自己的每個當下。自己現在的心情怎麼樣？自己怎麼做，可以讓自己平靜一點？要如何還給自己一個好的對待？

別老想著，如何馬上把情緒從負向變成正向。我們當下能做到的，常常就是一點點而已。渴了就喝水，累了就休息。感覺煩躁就起身動一動，有時間就看看天空。所謂把注意力收回到自己身上，就是靠這樣，一點一滴，找回自己，找回平靜。

既然做了那麼多，願不願意停下腳步，跟對方順暢地聊幾句？感覺負擔太重了，能不能面對自己能力的極限，試著請對方分擔？已經非常無力了，可不可以釋放訊息，其實自己也需要鼓勵？

對方可能沒有回應，也或者不知道怎麼回應。至少藉這些覺察與內省，知道要滿足自己的需要，有部分可以靠自己努力。不需要逞強，就算對關係沒有動力了，別再失去自己。

7月16日

## 愛情不是聽話與配合，而是勇氣與真誠

之前有位朋友提到，婚後她的伴侶曾經對她說，「妳越來越不聽話了」。如果這句話不是開玩笑，那這位伴侶對於愛的認識，可能還停留在比較簡單的層次。

愛情不是聽話與配合，而是勇氣與真誠。不是說聽話與配合就不好，而是這很可能是為了避免衝突，擺脫讓我們不愉快的狀態，掩蓋著困境，假裝一切無礙。如此，順從與討好，雖然可以暫時拉近雙方的距離，但長期來說，可能依然侵蝕著關係。

送點小禮物，說些好話，可以暫時讓情感加溫。可是，關係要久長，需要足夠的勇氣說出真心的話，打開我們的心房，讓對方有機會參與我們的歡喜悲傷。

7月17日

# 瀏覽它，可以不困囿於它

我們從小生養長大的孩子，不是我們所有，那是一種錯覺。我們長久陪伴的關係，也不會永遠都在，那是一種自我催眠。

其實，我們的身體也不完全是我們所有。時間到，就開始破敗了，我們稍能延後，但很多時候，我們也不能做什麼。

我們正在看著，我們正在做的事。在呼吸間，瀏覽它，可以不困囿於它。

所謂失去，有時只是個幻影。其實，很多事並沒有我們所以為的，已經結束。我們依然正在經歷……

7月18日

## 什麼是必要的

忙碌的生活，讓大部分人照著慣性走，沒有多餘的精力內省，退一步看自己。所以想改變也相對不容易，常常明知有些事該做或想做，但就一直抽不出空。所以遺憾跟後悔，就會在我們之後，緊緊跟隨。

當我們被這個社會魅惑，很多本來我們不需要的，被催眠成了好像沒有擁有就不能活。於是，我們更是看不清，什麼是對我們必要的東西，急急忙地追趕，一天要當兩天用，這邊抓一點，那邊沾一下，心猿意馬。

看看我們怎麼生活，就會看到我們的樣子。我聽過不少朋友，常要在重病或者面臨重大失落之後，才能回過頭來去檢視自己，痛下決心去改變，調整追求的優先性。

我們能不能，藉著理智的幫忙，早一點幫助自己。而不是一定要接受了什麼教訓之後，才能把已經知道的答案，付諸實行。

## 7月19日 無法享受獨處，很難自由自在

您可以一個人看電影嗎？

我可以，雖然大部分時間，是我一個人的時候，連出門都懶。以前當學生的時候，我偶爾會獨自到二輪片的戲院，吹冷氣消磨悶熱的下午。

可是，有些朋友沒辦法，一個人看電影、一個人在外面吃飯、一個人的旅遊……，恐怕被視為一種悲哀。對關係的渴望與失落，像是一種對自己的質問，那樣咄咄逼人，讓某些朋友寧可捨棄可能讓自己能開心的活動。

不熱愛獨處，就不熱愛自由嗎？

這個說法有點絕對，不過，無法享受獨處，很難自由自在，這是真話。

獨處也是一種能力。可是，要怎麼學習獨處呢？

靜心，是一個可以考慮的選項。藉著慢漫行走，是一種可以靜心的方式。一段時間就起身走動，保護眼睛，讓大腦休息，舒緩筋骨……這樣的獨處，可以短暫地在職場進行，在移動的中途，在突然沒事做的空檔。回歸身體經驗，跟自己遇見，也常是創意的泉源，能讓我們對事物的觀察更敏銳。

7月20日

## 不是來聽教訓的

對著孩子說，「這樣很好」、「那樣不好」……，這是教孩子的過程，在所難免。不過，可想而知，當孩子漸漸大了，對這樣的說教方式，會開始有不少情緒上的反應。就更不用講，已成年的子女，在聽到老父母這樣的說話方式，心裡會有的感觸。

我跟孩子們，常用一件事的利弊得失來討論，好壞都讓孩子知道，最後由孩子決定什麼是對他好的事，而不是由我直接決定。所以，一件事我跟孩子講的時間比較久，孩子用自己的想法做事的機率比較高。這種方法的好處是，我跟孩子的關係不會太差，孩子更能獨立思考判斷，缺點是，我的ＥＱ要比較好，對孩子的包容與彈性要大，陪伴的時間也要比較多。

有時候，成年子女跟父母談心抱怨，父母也會忍不住說教起來。這時候，有些話要忍住，子女常常需要的是傾聽與支持，不是來聽教訓的。

「不是來聽教訓的」，這句話我們該放在心裡，不管是不是為人父母。

7月21日

# 不真誠的貼心話

常講客套話的人，其實自己就容易感覺空虛，因為連自己說出口的話，自己都不見得全然相信。然後因為關係過於表面，常常翻臉比翻書快，可能疲於應付。用巧言令色去吸引人，不如以個性與真誠吸引人，來得長久。

這概念在親子教養也通用，不真誠的讚美，為了讚美而讚美，往往流於情緒，提升不了孩子的自信。為了自己的不安全感，常常誘發孩子講一些貼心話，非出於孩子自願，單純只是自己想聽，想藉著孩子的嘴來安撫自己。不過，這不但可能傷害關係本質，而且長久來看，不安全感還是不會停息。

貼心話不是不能教，讓孩子知道怎麼樣能讓他人高興也很重要。可是，最好我們自己以身作則，真的培養出正向眼光，而且基於事實。否則，我們很容易把孩子教得虛偽，這又引人反感了！

7月22日

# 如果連聊天都有困難，那溝通怎麼會簡單？

我發現部分的家長真的不太會聊天。講幾句話就會讓人生氣，好像隨時都在找他人的毛病，雖然語氣很客氣，也許是「為你好」，但是讓人不太舒服。或者，就是一直提建議，但聽進耳裡實在感覺很有壓力。有些則是一直繞著自己關心的話題，別人的話聽不太進去，自己走不出來，別人也進不去。有少數的家長，則非常沉默寡言、惜字如金，連配偶都不知道他在想什麼……

現在年輕人聊天的風格，跟他們的父母，落差又比以前的世代更大了。簡單、直接，可以用兩個字，就不會用三個字講。習慣使用通訊或社交軟體互動，講起話來沒幾句就是鄉民用語，父母輩的常常聽不懂。更常講髒話或不雅的字句，當家長的聽了實在很難不發脾氣……

如果連聊天都有困難，那溝通怎麼會簡單？

其實聊天可以學習，大部分的人，都可以透過練習而改進。如果不會說，就先聽，順便試著去了解對方的生活背景。如此，聽久了，我們所挑的主題就漸漸能說得對方有興趣。

# 家人之間講的話，可能比外人說出口的還難聽

在我的工作中，要清楚一個人的個性，與其看他如何對待他喜歡的人，不如看他如何對待他討厭的人。一個人的心靈修為，常從他如何談論他討厭的人可以看得出來。一個人如果談到他討厭的人，還能盡可能理性地分析對方的優缺點，又不壓抑自己的情緒，也把自己的思緒整理得清楚。這種人，是我真的非常欣賞的人。

面對我們討厭的人，我們首先要學習自我保護，這是適應社會的根本。有時候我會鼓勵年輕人，能學習面對父母給的傷害，算是一種出社會前的練習。有時候，反而是家人之間講的話，比外人說出口的還要難聽。

在心裡想到討厭的人，我希望我們真誠面對自己的情感，選擇釋放它、覺察它，但那並不代表我們就得原原本本地把這樣的情緒表達讓對方知道。有時候，對方沒有足夠雅量，也可能位居上位，讓對方知道我們的不滿，有時會有不利於我們的狀況。

如果我們連我們所討厭的人，身上所具有的優點，不但看得一清二楚，還嘗試去學習。那麼，仇人雖不見得變貴人，卻因為我們的態度，讓我們更有機會成為他人的貴人，而非仇人。

7月24日

# 怎麼樣可以不讓其他人的靈魂靠近？

最近，有個孩子，突然很怕被靈魂附身。他來問我，怎麼樣可以不讓其他人的靈魂靠近？

我跟媽媽聊了一下，他的主要問題，我推測其實是在於不知道怎麼面對害怕、後悔、罪惡感……等糾結在一起的情緒。所以，我的建議如下，還用了民俗的講法來包裝：

第一，要有健康的身體，身體健康，能量強，靈魂比較不會靠近。所以要睡飽、吃好、做運動，這是最重要的一步。

第二，要多想美好的事物，要想想自己有什麼好的回憶，平常遇到什麼好的事情，要刻意去想。自己心情好，能量強，靈魂不敢靠近。

第三，剛好爸爸、媽媽的八字很重，所以害怕靈魂靠近的時候，可以去找爸爸媽媽聊一聊。在爸爸媽媽旁邊，靈魂自然不敢靠近。

孩子似乎滿意我這三個答案，隔幾個禮拜，真的也沒那麼害怕了。我想，一方面是我的態度非常堅定自信，讓他可以有種安心的感覺；一方面大概是，這些方法，其實都能針對負面情緒作用，可以有緩解的效果。

好心情要練習，這些基本動作，對大人小孩都適用啊！

# 他的微笑屬於誰

兩個女孩在談愛情，其中一個女孩，一直抱怨她「前男友」。說他孩子氣，說他有什麼事都放心裡，說他都不懂女生心裡在想什麼……

拼拼湊湊聽起來，剛開始是女孩提分手，然後男孩答應了。結果女孩不甘心，又要挽回。可是，到底是為什麼要在一起呢？

女孩的理由是，因為他心情好的時候，講話很好笑。現在，「他的微笑不再屬於我」。

他的微笑，或者他的情緒，本來就不屬於誰，甚至不完全屬於他自己。一個人，聽到或想到一件有趣的事，而產生微笑，請問，這個過程，全都由這個人來掌控嗎？

「我的」這個想法，越執著，失去的時候越苦痛。我的想法、我的情緒，在想法與情緒前面，冠上了「我的」，當跟他人產生碰撞的時候，就容易變成好像自尊在比輸贏那樣。

面對關係，能減少自我中心，那是在面對自己的時候，能夠知道「我執」不必太重。我執太重，常與事實不符，與事實不符，通常是我們自己痛苦。

他的微笑屬於誰，這沒那麼重要。我們自己能不能微笑，重要得多。

7月26日

## 生氣的練習

當我們對自己夠了解，就會知道，情緒的釋放也要做練習。一位家長講到，自己不生氣則已，一生氣就會比較強烈，所以盡量讓自己少生氣。像這種狀況，就要進行生氣的練習，從簡單的方式，像是說出自己的情緒，到強烈一點，輔助眼神與音調，到更強烈一點，像是加大音量，然後或許拍桌丟東西，最後也許是打人……

生氣可以分級，不是每次只有0到100。表達一樣可以有軟性跟硬性，對象不同可以進行不同的調整。生氣本身不一定是壞事，真正壞事的常常是表達的方式。

而跟家人吵架，「想贏過對方」是一種常見的想法。輸贏的態度過重，會讓家人之間的衝突永無寧日。用這種價值觀經營家庭，避風港就成戰場，壓力不斷累積，終至家人之間的感情分崩離析。

7月27日

## 靜靜地看也是陪伴

「走得最慢的人，只要不喪失目標，也比漫無目的地徘徊的人走得快。」——戈特霍爾德·萊辛

慢慢地走，邊走邊思考，遠遠好過敷衍應付、得過且過，好像人家說當個媽媽該做什麼，就急急忙忙去做，做個半吊子，只有表面沒有內涵。想著認認真真當媽媽也好，這個工作可以說是世界數一數二的難，因此壓力難免，那就要注意到，身在哪裡，心就在那裡。寧可一件一件小事處理起，抓重點做，當媽媽更是要先求有再求好，不落入完美主義的陷阱。

把心靜下來，我們也不需要每一刻都當母親，我們還要當好我們自己。陪伴孩子，不見得一定要一段完全沒有被干擾的時間，活在當下，每一時每一刻，都可以算是陪伴。陪伴，不是一定得要做什麼，有時候可以靜靜地看，靜靜地享受孩子的笑容，學著放鬆。

7月28日

## 累積了壓力就找人出氣

生氣的目的有很多種，像是保護自己，或者準備動員能量，展開攻擊，不是只是強迫讓對方接受自己的想法。生氣有其作用，或許可以從長期演化迄今，在一些動物的行為上仍看得見生氣這個情緒，作為佐證。

不過，如果我們覺察自己，有一味地把自己生氣的原因，怪罪到對方身上的習慣，這也要小心。其實我們也很有可能，是因為自己跟自己過不去，或者在外面累積了一些壓力，回到家裡，就要找人出氣！

7月29日
看人臉色過生活

跟她談了好幾次，她的想法就是繞著別人打轉。「我這麼做，她會怎麼想？」、「萬一我不在意他，那我不就是自私嗎？」……這樣的糾結，讓她沒辦法開始改變，展開自己的行動。

我有時候跟老一輩的人談，他們常會講到現代人比較自我，講難聽一點，是比較自私。我想，這是整個時代氛圍的轉換，社會越來越複雜，未來的不可預測性提高，很多事都要靠個人來判斷。

不過，從她身上來看，還是可以發現，有些人常會花過多時間，想從他人身上找到安全感，以及行動的依據。有一部分，跟童年被要求要看大人臉色過生活有關。幼年時候的經驗，到了成年，變成了難以打破的慣性思維。

一個人如果太常往外看，我們要多花一點時間，把他拉回來，往內找答案。人我關係，內外要平衡。先全面性地觀照，再來根據每一個情境擬定行動的細節。

我跟她說：「先把自己做好了，其他人比較方便選好他們的位置。」她如果連自己要什麼都不知道，搖搖擺擺地，別人也不知道要怎麼配合。她至少要有個軸心，這樣生活在忙碌打轉的時候，也不至於一下子迷失了方向。

7月30日

# 朋友還是寧缺勿濫得好

我們或多或少都遇過那種，只想談自己，只想找人分擔情緒，但不想聽我們的心情，「不想多花時間」了解我們在想什麼的朋友。不想多花時間，是個婉轉的講法，有些人，讓我們感覺，只要我們的關注焦點如果不是他，互動起來就好像浪費他的時間一樣。

碰到這種自我中心到極點的朋友，如果我們想要一些比較真摯的互動，那最好是保持距離，朋友還是寧缺勿濫得好。他接近之後，能裝忙或走開都可以，他只想利用我們寶貴的時間，來宣洩他的心情，或者解一解無聊，儘管他剛開始可能以善意來包裝，或者略施小惠。

一心軟，過去那種被利用、被無視的感覺，很有可能又找上來。時間沒了就算了，我們還會氣我們自己，為什麼已經知道我們被鎖定了，還沒辦法為自己堅定?!

7月31日

## 有深度的正向情緒

請問我們知道怎麼讓自己愉悅或平靜嗎？

感官刺激，也許讓我們快樂、興奮，可是，這種感覺都相對短暫。如果正向情緒要長久，那就要醞釀，就要有深度。通常，這跟我們有沒有用心培養自己的興趣有關，或者是，我們有沒有自己長久的追求。

獲得利益本身，快樂很短暫，反而害怕失去的擔憂比較長久。但是讓關係圓滿，兩個人之間互動順暢，情緒有人回應，難受有人支持安慰，我們便不至於對自己輕言放棄。

我們自己能有愉悅或平靜的狀態，才能形諸於外，也讓對方感染，相互滋養。

# August

8月1日

## 活在自己的大腦裡

我們太常對人想像、評斷，以及過度詮釋，這也造成關係的壓力。譬如，別人只說了一句話，我們常常會「加工」，在大腦中衍生出三句話來（這不是研究結果，只是假設，應該每個人會有不同的狀況）。然後把過去引發的情感，都帶到現在。

所以，我以前在書裡面會提到，我們其實是活在我們自己的大腦裡面，不見得是活在現實裡面。也因此，我對靜心特別感興趣，因為我希望藉著練習，更貼近事實，而不是讓我們的想像、評斷以及過度詮釋，所產生的情緒，困擾住我們自己。

8月2日

# 外表開心的人，可能內在正痛苦著

心理疾病被污名很久了，連綜藝節目都拿相關的診斷在開玩笑。

在我這一行，我所看出去的世界，我真的不敢說，誰是絕對正常的。所謂腦袋有問題，或者說心理疾病，以目前的診斷系統來說，比例越來越高，連咖啡因戒斷都列入診斷。如果將來再把網路成癮加上去，我猜所謂的「正常」，說不定反而是少數。

有些大人，只因為孩子跟他預想的不一樣，就算沒造成什麼困擾，就會嫌棄、責罵。越是這樣的大人，越可能因為在意自己的面子，不願意孩子尋求專業協助。

我陪伴過一個拒學的孩子，一想到上學就是哭。他眼睛睜開的那一剎那，這世界的壓力就逼到眼前，讓他喘不過氣來。

孩子的長輩，也是說：「不要理他，習慣就好！」

有些朋友，真的很努力生活。他可以是眾人眼前的開心果，因為他有能力做到，即便他不想。他想讓身旁的人開心，那是他愛家人朋友的方式。當他想愛自己的時候，我們可以多一點理解他。理解外表開心的人，可能內在正痛苦著。

## 別把孩子看得一無是處

父母的自責，加上對孩子的焦慮擔憂，都化成了叨叨念念。有些年輕人實在沒辦法接受這樣的溝通方式。

其實這當中，碎碎念是要優先停止的狀況。關係要改善，雙方都要努力。因為碎碎念常是引發後續衝突的近因。父母要學會具體、清楚、簡潔的溝通方式。

別把孩子看得一無是處，孩子覺得在父母面前抬不起頭，也容易放棄為自己努力。年輕人在學業表現上不佳，對他來說是重大挫折，因為在我們這個社會，這會直接影響到未來的生涯規劃。

批評年輕人的好朋友，說不定比批評他本人更嚴重，父母要認知到這一點，因為這個階段的年輕人會用朋友來定義自己，批評朋友等於否定他。學業困難這件事，到底原因在哪裡，是注意力不佳？基礎知識薄弱？還是真的有學習障礙？要幫助孩子，這些點要釐清。

8月4日

# 「感覺」被傷害了

有些朋友真是誤解了，我談尊重情緒，並不是因情緒而衍生的所有行為都可以被包容。情緒跟行為之間，是有些關係，但不能畫上等號。

譬如，一個人「感覺」自己被家人傷害了，就開始說謊、偷竊財物、在他人面前胡亂指控。人的感覺很難被否定，即便外人不認同，那也沒辦法抹滅這些情緒的出現。

但是，「行為」不一樣，那經過了自己的選擇。同樣的情緒，可以有不同的行為反應。結果為了自己的情緒，自己選擇的行為，說不定比家人給的傷害，情節還更重大。這些不能都因為「感覺」自己被家人傷害了而被合理化，何況，從外人來看，到底原因或事實是什麼，其實不是很清楚，但報復的行為，卻已經看得明明白白。

8月5日

# 在人前求圓融，在獨處時又不失去自我

有些工作本來就是會被罵的，像是客服或者政治人物，要在工作與生活之間進行切割。所謂切割的動作，是特別在面對生活的時候（假設是面對家人之前），給自己留個空檔，進行心態上的轉換。

譬如，坐在交通工具上，就可以開始練習呼吸與放鬆。到家之前，安排一小段路，讓自己快走，運動一下，宣洩一下壓力。甚至到便利商店喝個飲料坐一下，整理上了一天班的心情，先想一下等一下回家要做什麼，別把工作累積的烏煙瘴氣的心情都丟給家人。

多一種方式來說，一個人沒有承擔某種社會符號，代表在社會上無立足之地，這也是讓人很焦慮的事。我們有自己私人的喜好，有我們關心的思想或宗教，有不同的交友圈，有我們獨特的過去與成長背景，那麼，這個社會符號就越是沒辦法涵納我們的所有，我們也別把自己看扁了！

別人批評得有道理，那也是作為社會符號的那個腳本要改，也不見得是我們真實的樣子。一個健康成熟的人，也可以做到在人前求圓融，在獨處時又不失去自我。

8月6日

# 認真看待當下最真實的你和我

在關係的當下，我們更希望隨著彼此的心性互動。可是，我們好像常不經思考地接受了社會的安排，接受了很多我們想像中的責任，於是無意中壓抑著我們真實的情感，希望透過關係，達到某種實質的目的，要符合旁人眼光中的好與稱職。

人與人之間相處，可以用很多價值觀去想。不是哪種價值觀一定好，或者一定不好，要看當時的情境，看雙方的個性，看整體的環境。

所以我們跟人建立了關係，可以想成彼此相伴，一起參與彼此的人生。當然，我們也常想成，用整體社會為脈絡下的權利義務分工來定義關係，我做到了我的部分，所以我也要求你要做到你的部分，你沒做到，就是不負責任。

兩種價值觀不必然互斥，我們也常交替著使用（雖然少數人只刻板地大量使用某種角度看待關係）。然而，兩種價值觀也可能產生了衝突，譬如我們可能過於被想像中的社會眼光綑綁，而不去認真看待當下最真實的你和我。

8月7日
別只用聊天維繫關係

跟人互動的工具，不見得只有聊天。有些人真的不太會講話，一講話就讓人生氣。有時是情緒不敏感，有時是言語太負面，有時是理解有問題，有時是自我中心很明顯……通常上述原因會混合在一起出現。那麼，我們要跟一個人維持關係，還可以怎麼做？

一起做一件事，也是一種選擇。有些爸爸雖然不太會說話，但是藉著跟孩子做事，一起進行一個活動，也可以維持關係。有時候，一起出去度假，有聚在一起的時間，也有各自的活動，也是一種安排。

即使是很會聊天的人，只要雙方一直聊，也許短則幾小時，常則數天，話題難免會重複，雙方慢慢會感到厭煩。然後，再怎麼親近的人，還是會有些隱私，或不想碰觸的話題，只用聊天做為維持關係的工作，就容易因為無意中談到彼此不想談的部分，而造成彼此的不愉快。

長期、長時間聊天要不厭煩，雙方都要成長，要有新的話題與觀點。要不然，就只能講新的八卦，慢慢就會開始為了聊而聊，編造他人的故事，流言、謠言就容易出現，最後造成我們自己與他人的困擾。

8月8日

## 愛一個人，不見得事事聽話

親愛的孩子：

每次你跟我討價還價，我就覺得開心，雖然要多講幾句話，多花些超出預期的時間陪你，比較麻煩，但我也甘願。我確知你喜歡我，但你仍有自己的思考，不盲從屈服，我很欣賞這樣的態度。

即便你愛一個人，也不見得要事事聽他的話。關於這個道理，有些成人還看不清，一輩子為此糾結。

在這個世界上，有很多人只要你聽他的話，有時候，甚至要用冠冕堂皇的理由，要你犧牲你的利益，只為了他自己。要把你賣掉，還要你幫忙數鈔票。

你懂得判斷，也會維護自己，這樣很好。以後出社會，我就可以少為你擔一分心。

即使你現在還未成年，我就希望盡可能讓你做你現在能做的決定，尊重、鼓勵以及扶持你，然後期待你為你自己負責。我知道教你這個道理，會需要花很大的力氣，但我知道提早教會比較好，因為關於這一點，很多成人還是做不到。

請別依賴我的肯定，即便我的肯定是你的重要參考，但我們都清楚，我不會同意你的每一個觀點，就像你不會同意我的每一個觀點。但是我發誓我盡可能跟你在一起，因為我愛你。

## 專心生氣

她知道他遇上一件無理的事，可是，他看起來似乎反應不大。她問他：「你不生氣嗎？」他說：「會生氣啊！但我不需要常常想它，這樣也沒辦法解決問題，又讓我沒辦法專心做事。」

等了一陣子，她還是想不通。他說：「妳有試過專心生氣嗎？妳有用心生氣嗎？妳對得起生氣這種情緒嗎？」

她半開玩笑地說：「你再這樣講這些有的沒的，讓人家聽不懂的話，我要生氣囉?!」

他說：「我不要妳這種半開玩笑的生氣，我要妳很認真的生氣！」

他要她給生氣時間，畢竟從演化而來的生氣，具有保護生命，動員能量對抗敵人的功能。如果人類不會生氣，說不定會大大影響人類的生存。他要她對得起生氣，要給它時間，然後感謝它。

然後，好好去體驗生氣，那種生理上的感受，咬牙切齒肌肉顫抖的緊張狀態。釋放腦中那些惡毒的言語，讓它們盡情奔馳，搞清楚這時候跟生氣有關的任何想法。不需要修改這些想法，能記錄下來也可以，別壓著它們就好，讓它們自由。

它們能自由，我們才有機會自由，因為它們就是我們的一部分。

8月10日

# 到底我們不要什麼？

年輕人不知道自己要什麼，這是很常見的事。所以如果有年輕人對我說，他想要像我一樣，做我正在做的事，他如果願意聽，我也剛好有時間，我會告訴他，「你的目標可以再大一點！」我的狀態，我正在做的事，也正在不斷變化中。追尋的過程，本來就是動態而非靜止，時時有許多新的說法冒出來，會突然看到很吸引我們目光的人事物浮現。我們或許有個方向，但趕往目標的路徑常常曲折得讓我們幾乎迷失，也常因此到了我們想像不到的地方。

我就到了我想像不到的地方，現在是這樣，我猜未來也是如此。

成人就知道自己要什麼嗎？其實也不一定。他們似乎做了什麼選擇，卻又常不想承受自己選擇的結果。

所以我有時候會問，那到底我們不要什麼？

譬如，如果我們希望現在的關係更差，我們可以怎麼做？可能是講對方不想聽的話，也許是某些話題，或者使用某些字眼。

那麼，如果我們想改善彼此之間的關係，消極一點的方式，就是我們盡可能不說，或者避免這些話題或字眼。積極一點的方式，是動腦筋思考，如何用對方能接受的方式表達。

透過這樣的對話與生活實驗，我們到底要什麼，才能漸漸地清明澄澈。我依然在追尋，日新又新，偶爾疲憊，但也感到趣味。

# 當我們成了大人

不管是看書，或者聽人分享，當父母重病或者過世的某一刻，是我們在心理上轉變成大人的最後一關。那時候，巍峨的父母形象倒下，我們清清楚楚地醒了，再也沒有人幫我們遮風避雨，或者擋住一些苦難，像是死亡的焦慮。

在心理上，我們漸漸往成年孤兒的路上走去，不甘願也不行，任性也沒人理。我們得要快快堅強起來，照顧病床上的父母、辦理喪葬事項，以及成為下一代的可靠肩膀。

再往前回溯，當我們建立了家庭，養育子女之後，我們也會覺得，我們變成了大人。那時候，挑起人生有史以來最多、最重的責任，為自己感到驕傲，當然也擔心自己無力承擔。

再往前回溯，當我們賺到了人生第一份薪水，能夠經濟獨立，甚至自己搬出去住，完全不需要父母照顧。在心理上轉變成大人最清楚的意象，這時候算是第一次發生。

轉變成大人，當然是漸進的過程。其他還有包括像青少年期的思辨能力提升，開始對父母的理想化形象破滅，第一次外宿或者到異地求學，男生要當兵，這些都會讓人有長大的感覺。

您第一次感覺，大部分的事都要由我們自己承擔，是幾歲的時候？

8月12日

# 所謂長大，就是願意一次又一次超越自己

關於長大，或許是在我們經濟獨立之後，我們跟父母之間的意見相左，雙方或許衝突，或許冷戰沉默。然而，自此之後，我們繼續我們的追求，把父母留在我們的身後。那個時候，我們不敢或不想依賴父母，我們真正往我們想成為的自己邁進。

有些朋友是開啟了不被父母贊同的事業，有些朋友是進入了父母反對的關係，有些朋友是為了教養孩子的理念不同，跟父母翻臉……從另一邊來說，有些父母，願意調整彼此的界線，轉而支持孩子的追求；有些父母，則依然期待孩子尊重自己的角色與位置，一談起相關話題就不斷勸說；有些父母，則因為感覺到自我價值受創，跟孩子無話可說，甚至從此沒見過面。

當初這段日子，發生了什麼事？跟父母親能開始走向理解、諒解、和解的進程嗎？還是我們依然不敢表現出獨立的自我，至今仍活在父母的安排與期望之中？

到最後，我們違逆的不是父母了，而是我們從幼年以來，不斷接受的綑綁。父母只是象徵，而非絕對的實體。父母或許代表著，我們心裡那塊曾經以為牢不可破的框框架架。

用比較老套的講法，所謂長大，就是願意一次又一次超越自己。

# 助人者要先能面對自己的軟弱

我從事助人工作，也擔任過督導，也被督導過。所以我多多少少，知道在一般情境陪伴、助人的時候，會發生什麼事。

常見的狀況是，剛開始助人者會預期，自己有能力幫上忙。但是發現自己幫不上忙之後，開始要面對自己的無能與無力感，然後漸漸地對當事人失去耐性，甚至會開始責備當事人。

有些自以為很會助人的人，常常真的是自以為。之前可能有求助者給予社交性的回應，這種人就會滿心以為，自己真的很懂得他人的心理。特別是這種人，當他面對當事人的情緒在被他幫助之後，毫無起色，就更是會覺得，明明自己很會幫助人，為什麼當事人這麼「不受教」？就會開始包裝自己的負面情緒，變成各種當事人的錯。

助人者如果沒有長期的內省與自覺，常想透過當事人來滿足自己。

助人者要先能面對自己的軟弱，那些無力與無能襲來，要先習慣應對，要不然就容易往外推。此外，「聞聲救苦」看起來好像很偉大，但真的全心投入，不小心陷進去，也是很有可能的事，自己要有能力抽離。

## 害怕衝突的父母示範了什麼樣的身教

她的狀況比較少見，不是管太多，而是不敢管（這是我心裡的話，她沒這麼說）。如果是尊重孩子，我很贊成，但是父母自己如何判斷對錯，父母的喜好與期待，以及什麼範圍能尊重孩子、什麼範圍由父母決定，這個要事先講清楚。

不是給孩子的空間越大越好，要考量孩子的年紀與個性，還有家庭現實的狀況。有時候，孩子的人生經驗不夠，判斷能力本來就不見得成熟，我們父母要依據整體考量，以及孩子的最佳利益之間，做出平衡的決定。

孩子不想補才藝、去安親班，這個沒花到家裡的預算，父母沒意見，好像沒什麼不可以。可是，回到家之後，想打電動，會拖到寫功課的時間，會導致睡眠時間減少，這個就有需要討論。

通常一個人有選擇的自由，也要負起相應的責任。為了打電動而晚睡，損害健康，功課潦潦草草地應付，他算是有負起相應的責任嗎？

從身教的角度來說，父母如果害怕面對衝突，那孩子怎麼能學到，將來如何面對他人不合理的要求，甚至是欺凌？意見不同，是關係中的常態，如何求同存異，輪流、妥協，包容彼此，父母可以進行示範。

# 人情的親疏遠近

所謂自己人，真要講人情，還是有親疏遠近。像是以前重男輕女的時代，女孩子被認為總是要嫁出去的，所以男孩子就被投予較多的正面情緒。

人情不是不能講，人與人之間常常相處，自然就會有感情。而且管好自己分內的事，少干涉、少越界，互動起來更輕鬆，正面情緒自然產生。

所以理不能少，尊重不能忘。很多華人的長輩，因為分遺產時的偏私，造成了家族後輩可能幾十年的紛爭。

家庭以人情為重，會有個困難，因為非常模糊，而且非常主觀。所以到最後，就是由權威者來詮釋，而且年紀越大，傳統上被賦予的地位越高，這也跟人生經驗有關。最後，可能會變成大家要看權威者的心情做事，而不是依循什麼明確的道理，這是很多華人家庭目前的狀況。

至於做這件事對家庭有沒有利？能不能兼顧個人的成長？常常會變成以權威者的個人方便與喜好為主，而不是所有家庭成員可以坐下來，溝通協調。

我喜歡人情味，但我更喜歡清楚地互動，那更自在與輕鬆。任由情緒凌駕理性，這種人情，其實會有其沉重的一面，也為將來互動上的困擾，埋下伏筆。

# 8月16日

## 腐蝕心靈的無力感

之前有朋友，問我的工作，有沒有職業病。最近剛好在翻閱舊資料，有些久遠的記憶又頓時歷歷在目，有時候情緒強度不低，一不注意，偶爾就會陷進去。

譬如，一位婆婆為了在孩子心中排名第一，所以使用了許多手段，離間孩子與父母的感情。甚至孩子交到媽媽手上的時候，孩子還會大哭要回去找阿嬤，阿嬤只好邊小小埋怨，邊歡歡喜喜地把孩子接回去照顧。

這種狀況，尤其是做媽媽的人，怎麼可能不百感交集？剛開始以為是自己的問題，後來從孩子口中，知道婆婆如何講自己還有先生的壞話之後，痛心又寒心，情緒真的很糾結。

往人的內心底層走去，那些平常被精美粉飾的醜陋與陰暗，就自然地蹦了出來。不是誰善良、誰不計較，誰就能脫身。而是那些醜陋與陰暗會追著人跑，遇上了，平常修養再好，也不保證一定不會跌倒。

為了活下去，我得要注意一些外在的目標。可是，為了活得好，我花了更多時間注意內在的狀態。

如果我不注意內在的狀態，任那種悶悶的無力感存在，雖然一時不發病，久了也會腐蝕心靈。等到醒覺的時候，或許也無力回天了。

8月17日

# 真的每樣缺點都要改嗎？

聽一位本身是教授的家長說過，在國外的時候，他的孩子愛發問，被老師認為有創意，很受喜歡。回到國內，就變成找麻煩、過動，讓她常要跑學校，跟老師溝通、道歉。

真的每樣缺點都要改嗎？我們認知到的缺點，真的就是缺點嗎？

有時候，我遇到完美魔人型的家長，我真心替孩子嘆息。人哪裡可以這樣控制，然後負面不斷被擴大，真是讓孩子洩氣！

審視成功人物，誰沒有缺點呢？但是好好發揮自己的優點，把自己的興趣或承諾做到好，那不就是成功的關鍵嗎?!

我們做父母的、做長輩的，也不是毫無缺點。一直盯著孩子的缺點看的人，其實也很有可能盯著自己的缺點看，只是，自己可能改不了了，就希望孩子替自己改過來。或者，在孩子的缺點裡面，放了過多個人的情感投射，要孩子替自己完成自己做不到的遺憾。

愛一個人，如果讓那個人感到筋疲力竭。那麼我建議，這種愛的方式，要重新思考。

「先學會愛自己吧！」我心裡這樣想。

8月18日

# 兩個人的孤獨

這幾天，看到一位朋友留言。大意是說，以前一個人感覺孤獨，結果現在已經兩個人了，更覺得孤獨。

我猜，兩個人相處，還是覺得孤獨，比較大的可能，是彼此的情感已經失去順暢的互動了吧。所以，還是要回過頭來面對自己的孤獨，這個本來的功課，只是再加上了一個關係的難關，所以更顯得難熬。

孤獨，早晚都要面對，所以有意識地去為自己找到樂趣與寄託，會比被迫孤獨的時候再來面對，要容易一點。簡單來說，懂得讓自己開心，做一些自己覺得有意義的事，感受自己的內在變化，這些都是努力的方向。

愛自己，雖然是很籠統模糊的說法，但我們不得不從自己身上找到愛的力量。然後充實自己的內在，這樣才不會一直依賴他人來填滿，才有所謂獨立的自己，才能為我們自己打算。

孤獨的用法，是可以把我們心裡的容器倒空，再裝進新的東西。孤獨也可以讓我們退後一步看，把我們現在的樣子端詳個仔細。

如果兩個孤獨到了一起，那藉這個機會，漸進式地讓彼此有小段小段的獨處，學著照顧自己，然後慢慢增加獨處的時間。如此，有個伴，一起學獨處，一起學愛自己，那也比較不孤獨了。

8月19日

# 最讓父母放心的孩子

以我們是孩子的角色來說，我們也可能很清楚，我們不是父母最愛的那個。甚至很有可能，我們是相對被討厭的那個孩子。

有時候，有些苦也不知道該怎麼說。最讓父母放心的孩子，可能因為安心，所以反而得到最少關心。父母的大量關心，都往所謂不爭氣、不成材，相對不成熟的手足那邊去。

有部分父母的關心，會變成寵溺，不合理的要求也答應，不該給的承諾也主動給，還要其他手足一起配合，讓一下、幫一下、借一下，不知道什麼時候，會有止境……

有些父母，慢慢視有能力的孩子為一種可用的「資源」，親子互動像例行公式，內含的情感非常稀疏，主要是為了確保資源可以持續被使用。

不是每對親子都互相了解，甚至有些可以說是最熟悉的陌生人。所以我常提到，親子關係不見得一定要好，有些孩子跟父母保持距離，說不定長得更好。有些受傷的孩子，即便獨立自主，依然要等到在心理上，徹徹底底地放下對父母的期待，才算過了一關。

說到底，父母是生了孩子，這不保證，就會好好照顧孩子長大。換個方式來說，父母自己，也不見得在心理上，就真的長大了。

8月20日

# 怪自己，常會隱隱然想要怪對方

我不贊成凡事責怪的態度，包括責怪自己，建設性不高。譬如，某位朋友斷了音訊，跟當初鬧翻了有關，讓我們覺得惋惜。想重建關係，那找到對方，真誠道歉，釋出善意，這是我們可以做的事情。

怪自己，常會隱隱然想要怪對方。因為責怪可以練習，這個動作變成了反射性思考，那今天怪自己、明天怪對方、後天怪天氣，要責怪什麼對象，都變得很自然了。

我常提醒朋友們，偶爾就要站在「旁觀者」的角度來思考，俯瞰自己的過去。自己什麼樣的選擇，成就了現在的處境？什麼事以前覺得很困難，現在也度過了？以前覺得是厄運降臨，是倒楣的事，後續又如何演變，其中有沒有好的事情發生？

如果我們進入受害者角色，我們常會很自然地「忘掉」某些細節。因為受害者也容易是加害人，至少受害者角色所表現出來的樣貌，很難讓關係中的對方有多輕鬆的日子，讓身旁的家人朋友，會消耗很多心力來照顧與關心。

# 爸爸親自教導了孩子，如何不尊重自己的媽媽

青少年坐下來還沒點餐，就開始抱怨正在照顧弟弟的媽媽：「妳怎麼老是忘東忘西的……」

那種不耐煩的語氣，一長串的數落，我好像見到了一個丈夫在數落妻子的樣子。或許，這是我的投射，因為我看過有些男人，比女人還要會念。

我也為人父母，我很能體會，孩子那種不耐煩的講話口氣，可以很傷父母的心。而且很有可能，孩子句句切到重點、打中要害，更會讓父母羞愧自責。

或許是青少年的個性本來就比較敏感，或許是媽媽健忘的狀況真的越來越嚴重。但是我很擔心的是，孩子不自覺地模仿了爸爸對媽媽的樣子，換句話來說，爸爸親自教導了孩子，如何不尊重自己的媽媽。

有時候，沒做事的人抱怨最多，因為用「看」的好像都很容易。

我希望，有同樣處境的父母，看到這篇文章，能感覺到被同理，心情能寬慰一點。我希望，對父母很不耐煩的青少年，看到這篇文章，能體會自己的父母不見得像自己想像得那麼差。

我希望，常在孩子面前指責另一半的朋友，看到這篇文章，能夠自我警惕。要把孩子教得不知感恩，讓孩子變得不敬重父母，其實不難，就是為人父母的自己帶頭這樣做，就可以。

# 所謂對的人，其實是互動的結果

我們生氣的時候，很容易陷入「他對我都沒像對別人那麼好」、「他是故意的……」，我們容易有跟情緒相配合的認知出現。

我也聽過一位朋友說過類似的話，她用了一個說法，「他不是對的人」。我很遺憾沒機會提醒她，所謂對的人，其實是互動的結果，而不是那個人本來就是如此。

如果今天，真的有一個「對的人」出現，但是我們常對他發脾氣，任性、耍賴，動不動就要他給「愛的保證」，那他就算沒跑掉，至少在關係裡面，心情很難好到哪裡，行為模式也會產生相應的變化。

就算我們滿心期盼，能跟對方建立信任關係，但是我們的行為，暗暗地在傳遞一種「我對關係沒信心」，或者「我覺得我自己不夠好」，或者「你將來終究會棄我而去的」……，這些負面訊息。如果對方有基本的感知能力，在關係還不夠深入的時候，他也比較有可能選擇漸漸疏遠。

要能找到「對的人」，我們也要有起碼的「對的樣子」。然後，彼此都願意敞開心胸，也很在意對彼此的認識。像是知道我們的好惡，了解我們的脆弱，然後他又願意學習調整，我們也回報以同樣的誠懇經營，那麼他就更有機會成為「對的人」。

8月23日
最舒服的生活姿態

他說，人際關係的品質，比數量還重要。會感覺沒辦法跟人建立深度關係的人，不見得花在跟人互動的時間比較少，但都比較表淺，關係也維繫不久，泛泛之交比較多。

年紀到了之後，懂得經營關係之後，就會比較知道，那些人值得深入互動，那些人打哈哈就好。

另外，他也不喜歡談一些敏感的話題。說實話，本來不知道對方的立場還好，還可以輕鬆自然地，後來知道了，如果跟自己的立場不一樣，總害怕不小心踩到人家的地雷。

然後，盡可能交同性的朋友，這樣比較簡單一點。對晚輩，他這個人本來就不拘小節，可是他會用長輩的口吻偽裝，保持距離。

他有他的人生哲學，用他最舒服的姿態生活。他這種狀況，也許會有人認為，他是活在同溫層裡面，好像是一種自我封閉。可是，大部分人，大部分時間本來就在同溫層裡活著。

可是，人際互動或許在同溫層，他沒忘了透過閱讀，自我成長，這就夠了。他也能自我覺察，也能反省與思考，這已經比很多人要強得多了。跟現實中的人減少互動，跟自己的互動增加，這種中年轉變，其實很健康。

# 雙方都願意改變，這才叫溝通

快進入青春期的孩子，就準備進入人生第二個重要的自我中心階段。這時候年輕人會把自己的感覺放大，常只想到自己，容易忽略他人的感受，像是父母。所以感覺不被了解，所以感覺自己被限制了自由。想享受權利，卻不見得願意盡相關的義務。

這時候，如果剛好碰到很自我中心的大人，那就免不了在心理上會出現一番你爭我奪，雙方都想要盡可能爭取對自己有利的立場與說法。旁邊的人會被拉進同盟，而無法結盟的弱勢方，就可能常以發脾氣為手段，企圖爭取更多的自主權。

如果可以從「自私」的角度去談，也就是做了什麼事對年輕人有什麼好處，而不是不斷要求年輕人學習體諒，年輕人能夠把話聽得進去些。這時最忌諱一直要求年輕人感恩，甚至責罵年輕人不成熟、自私，那只會加深雙方關係的裂縫。

雙方都願意改變，這才叫溝通。有一方不想改變，不斷要另一方改變，這比較接近命令。有時候，確實問題比較多在爸媽身上，爸媽只想要求與命令，那通常孩子會想要抗爭，或者逃避，然後累積許多對父母的不滿。

愛，沒傳達到。壓力，倒是傳遞了不少。難怪不少人在青春期這段，跟父母的關係，開始有了負向的轉折。

# 覺察原生家庭中的自己

為什麼我們要試著覺察，在原生家庭中的自己呢？

譬如說，很多時候，我們因為習慣了，自己不覺得什麼。可是，帶著這樣的習慣，跟人相處，像是進入婚姻，可能就跟另一半起衝突。

舉個例子，有一個原生家庭文化是直來直往的太太，跟先生相處的時候，常有話直說，有時候甚至是直接用罵的。對這位太太來說，這種不拘小節的互動就是把對方視為家人的表現，可是，對於這位從小禮教比較嚴格的先生來說，這完全不是家人的感覺，反而覺得自己很被疏遠、被看輕，尤其是婚後，太太「放鬆地」表現出自己原來的樣子，讓先生相當不適應。

有些屬於自己的部分，不去搞清楚，到最後連關係到底是因為什麼而結束，可能都模模糊糊。

有時候，是沒有替代性教育的問題，沒有新的榜樣可以學習。譬如說，我們不喜歡小時候被父母對待的方式，可是隨著長大，忙學業、忙工作，一直到自己有了孩子之後，我們不知不覺地重複過去我們所不喜歡的教養。等到我們突然覺醒之後，又因為互動已經部分定型，乾脆將錯就錯。

8月26日

# 練習把話說好，好好說話

滑世代有個狀況，就是表達直接、求快。要求快，修飾、禮貌就不會太多，過於直接，情緒也容易爆衝。

大人如果沒有強心臟，有時候會被孩子們脫口而出的話嚇死。以前髒話是私底下偷偷講的事，現在有暢銷的小說家，書中常出現感覺快意的髒話，好像沒事來個幾句，此人就是真性情。

我個人也不喜歡這樣的文化，也會提醒孩子。但是我提醒的力道，就是點到為止，我只會跟孩子討論他的行為與後果，並且鼓勵良好的自我表達。因為我了解，文化如風，風行草偃。在這種情況下，我更是要做好我的身教。維持跟孩子的好關係，持續跟孩子互動，孩子們自然常常看到我心目中的標準示範——如何把話說好，好好說話。字斟句酌，認真對待自己說出口的語言。

家人之間因為常見面，彼此間的距離沒調整好，導致關心與控制的分野不明確。所以，常相處，就常摩擦。然後，彼此的怨懟會結不會解，又不重視心靈成長、自我教育，就算一年半載沒見，見面沒多久又開始口角、埋怨。

然後，家人見面的時間，可能正是彼此狀況沒那麼好的時機點。要不然就是一早趕著上班、上課，怕遲到、趕打卡，氣氛很緊繃。要不然就是工作了一天、上課了一天，或者操持家務忙了一天，煩的煩、累的累，回家本來是要停靠港灣，但是剛好水雷處處，一不小心就誤觸引爆。

如果家庭的領導者或影響力大的成員，不懂得經營家庭的精心時刻，聯絡彼此的感情。那麼，舊的情緒沒有消化，新的情緒又出現，大家忍著過日子，就是等憋不住的時候，找一件事來吵一架，把一肚子怨氣發完。然後，或許繼續勉強度日，或許冷戰越來越疏遠。

最後，彼此的角色僵化，調整的速度過慢。

家人之間，不是沒有愛，然而因為種種因素，導致彼此仇視，非常遺憾。這是我們需要不斷在心靈方面學習的例子，期待家人都不忘成長，懂得經營與接受愛。

## 無論什麼情況下，我都不會背棄你

父母於家庭中的地位，如同領導者。那麼，該怎麼維持家庭，那就很值得鑽研領導的學問。

領導者要給予團體安全感與信任，這是一種心理感受，而非給了特定指令的效果。「無論什麼情況下，我都不會背棄你」，這是安全感的重要來源。所以，動不動就威脅不要孩子，要把孩子送去給別人養，要把孩子帶到警察局，告訴孩子他是垃圾桶撿來的，告訴孩子他做了什麼事就不要回家……父母的原意，是希望在短時間之內，藉由威脅恐嚇讓孩子順服。可是，這樣的方式，長期來說在減損孩子的安全感，最後腐蝕了自己的領導力。

至於信任關係，則要提升每個人的責任，並在自主意識的選擇下，願意分擔團體任務，相互支援。那麼，團體任務是什麼，在界定上就很重要了。以家庭來說，可能是確保在家庭中的每個個人，能有良好的生活照顧，並有整潔的居住環境，以及和諧的氣氛，更要能實現自我……

所以，只要好好讀書，其他什麼事都不用管的教養方式，對信任關係幫助不大。家庭的事，要由家庭中的每個成員一起來維繫，每個成員對維繫家庭都有使命感，都能對家庭有所付出，也都能因此受到肯定，那麼便會增進彼此的信任關係。

8月29日

# 是互相了解的過程

「說理」對我來說，是想要互相了解的過程。我固然想要表達我認為適當的想法，可是情境有太多種，我們知道想要有絕對的對，會有困難。所以我們會從各種不同角度去探討，雙方各自針對自己覺得適當的想法進行分享，有對有錯、有優點有缺點，開誠布公地攤開來看個清楚。藉此，我們都有所成長，並產生理解。這個過程不見得都是正向情緒，但是被理解與理解對方的感覺，會很接近踏實與平靜。

「說理」要練習，情緒調控的能力要在討論的過程中使用，感覺情緒激動起來，就開始注意呼吸與肌肉。然後，也要願意花時間了解對方的想法，除了聽對方說，閱讀、聽演講、蒐集資料……等的過程，常常免不了。

要把道理說清楚，又能想得周全，其實並不容易。有時候不見得會有一致的共識，因為立場各自不同，公婆皆有理。不過，可以在情緒上過得去的基礎上，暫時勉強找到一個大家可以做事的範圍，從這邊出發，再試試看。

8月30日

## 想被顧客尊重很過分嗎？

她說她看我的文章，很認同人與人之間相處，要互相尊重，要有同理心，才會和諧。可是，她做服務業的，希望被顧客尊重不知道會不會太過分？

她說，老闆會跟她們說，顧客說的都是對的。她也知道這種態度比較能吸引生意上門，可是，實際上在進行服務的時候，就是很難接受這種說法。

如果是合理的要求顧客大小聲也就算了，但是不合理的要求，要求要送贈品、要私下聯絡、要先幫顧客代墊錢……有些她實在沒辦法決定，有些是她的私生活，或者單純是她覺得沒那樣的交情，委婉拒絕也會被給臉色看。

我雖然不是社會學家，但是從基本的人性出發，如果這種「花錢就是大爺」的文化不改變，那社會風氣就不會太好。

回到家庭裡來說，每個人最基本的需求滿足了，自然就想要滿足更高層的需要——被愛、被尊重、感覺歸屬……。高不高興，是心理層面的事，跟物質的溫飽，在不同的層次。相反來說，心理被滿足了，物質的溫飽縱然有些匱乏，說不定還能接受。

如果這個社會，如同家庭的運作那樣，重視實際付出的人、維持適當的人際界線，以及人人為自己的情緒負責。那麼，才真正能展現出人情味。

## 重新與對方產生連結

跟人談到愛情與婚姻的不同，像這種議題，我會經常碰到。不過，我大概每次切入的角度，多多少少都不太一樣。

在愛情裡面，兩個人各自試著拿出最好的一面，期待能有個浪漫的結果。可是，進入婚姻之後，雙方的脆弱則赤裸裸地、名正言順地，變成共同生活不可分割的部分。這個轉換，本來就可能讓關係在婚前婚後，有天翻地覆的大改變。

譬如，在談愛情的時候，對方的親子關係，不一定能影響什麼。可是結了婚之後，原本的親子問題，就可能變成婆媳問題。

人的脆弱面為什麼會在進入婚姻之後，浮上檯面？

因為家庭要面對的事，比一對戀人要面對的，複雜許多。社會有很多潛規則，在規範家庭裡的各種角色扮演，但在愛情裡面，其實最主要還是你情我願。

情感沒有了，也許愛情就終了。可是，即使感情沒了，或者已經非常淡了，婚姻也可能因為種種原因，而不得不繼續。那時候，在動機很薄弱的情況下，還要能重新跟對方產生連結，來攜手解決生活中的考驗，那就相當不容易了。

# September

9月1日

# 任何教養技巧，都來自對孩子的愛

「窮人沒辦法談教養」，這句話，大概會讓很多在意孩子，但經濟狀況不佳的父母，內疚、沮喪。在研究上，貧窮固然是孩子適應程度的危險因子，但是，並非不可修復。

我一向重視態度，沒那麼強調技巧。都沒什麼時間陪伴了，技巧就更不容易施展了。可是，態度依然可以表現出來，因為任何教養技巧，都來自對孩子的愛。

做生意，即便營收不高，那是家庭經濟溫飽的來源，這是第一要務。經濟穩定，才有家庭的穩定。我們在心態上要清楚，我們即便遭遇困境，但日子還是要過，怎麼過、如何過、用什麼心情過，就很重要了。

我們這時候，正是表現身教的時候，正是讓孩子能一輩子難以忘懷的時候。我們努力過、踏實過，不偷不搶，就不卑不亢，把自己分內事做好，等待時機。我們這樣面對我們的低潮，讓孩子看到榜樣，知道人難免有困境，有困境還是可以向前進。

家家有本難念的經，再難也得念。但是，各位朋友，樂觀看待自己的困境，讓孩子學習樂觀，黎明總在黑暗後，別放棄努力，在社會還是能爭取溫飽的機會。記得關心孩子，講幾句好話，也多關心自己，好嗎？

9月2日

## 只想被愛，是不是對自己沒信心？

「女孩子要找一個，他愛妳，比妳愛他多的人，才會幸福！」

剛聽到這段話的人，或許會覺得很有道理，符合女性需要男性呵護的刻板印象。可是，我總感覺，這對性別角色，以及「愛」這樣的情感，似乎有些誤解。

「被愛」好像是一種享受，比較輕鬆不費力。「愛人」好像會比較痛苦，要花比較多的力氣跟時間，而且在關係中比較弱勢。某個靜態的片面，或許是如此，但並非全貌。

「愛人」本身，就可以是快樂的。甚至「愛人」的能力練習到最後，「我愛你，與你何干」，那道界線是很清楚的。也就是，愛的力量，是由內而外，從愛自己開始。有能力「愛人」的人，本身會是一個正能量相對飽滿的狀態。至於對方要不要回應，那是由對方決定，愛本身，不會是一個綑綁對方的理由。

只想「被愛」，想要找到一種關係，讓自己站在一個相對優勢的位置，是不是對自己沒有信心？或者，是不是自己不懂得「愛人」？是不是怕在學習「愛人」的過程中，承受不了不如預期的結果出現，所以只想「被愛」？

9月3日

# 真的抽不出時間嗎？

孩子告訴我：「其實，我很想去公園玩，但是我第二本功課沒做完，所以不能去！」

孩子口中的「功課」，其實是補習班老師出的。孩子活動量大，禮拜天大可以出去玩。我在想，就算是為了功課，「去公園玩」這麼卑微的渴求，星期天一整天，真的抽不出時間去嗎？

與此同時，家長跟我抱怨，孩子的體重，已經幾個月沒增加了。對於一個正在發育的孩子來說，確實令人擔憂。可是，能動能吃能睡，才能健康長大，不是嗎？

寧可犧牲孩子的生理健康，也要讓孩子完成補習班老師出的功課，我實在認為，本末倒置了。而且，家長的抱怨，一部分不就是他自己種的因嗎？然後，是不是又要把結果都怪到孩子身上，怪孩子吃太少、怪孩子晚上睡不著？

很遺憾，這個孩子不是我遇到類似狀況的第一個孩子，也不太可能是最後一個。

9月4日

## 對方就是把我們看透，才會放心利用

當事人陷在不健康的關係裡，脫不了身。對方苦情又帶著威脅的策略，常能輕易攻陷當事人原本的堅定，一而再，又再而三地，讓當事人掙扎著、苦痛著。

既然感覺不舒服，為什麼還選擇留在這種關係裡？「因為看他可憐」，是常有的類似回應。

像是會動手的先生、屢次借錢又不還的手足、提出不合理要求的父母，本來就有情分在，當事人更難把話說絕，常留下讓自己難做人的空間。

有時候當事人的感覺真的糟透了，本來是同情，後來感覺自己只是被利用，甚至是濫用，卻又下不了決心保持距離。除了是對關係還抱著期望之外，還有擔心被評斷的罪惡感。

同情人，其實是有某種程度的優越感。能伸出援手，能給對方再一次機會，好像我們占了優勢一樣，好像我們突然很有價值一樣。

要認清我們的這種需求，還有，滿足需求的方式，也不是只有一種。

對方就是已經把我們看透，才會敢放心地利用，卻又不怕我們逃走。所以要試著成長，試著建立其他關係，試著在情感上獨立。唯有健康的界線，關係才能真正和諧。

隨意讓對方越界，那是寵壞了對方，又折磨自己。

## 生命的優先順序

她說，她血液裡還有旅行魂，可是生了孩子，實在有困難。
我跟她討論，一直這麼想，可是又做不到，心理上會有什麼感受？
她說，無奈、渴望、失望……覺得自己很可憐。
我說，在這種狀態裡生活，對誰有好處？
她說，對誰都沒好處，連看到可愛的小孩，有時候都覺得煩。
我說，所以這些情緒，都在消磨自己對孩子、對家人的愛，也在消磨自己生活的動力。從想法下功夫，是一種調整的方法，透過行動也是另一種，練習靜心也是一種方式。
說不定，出去走走，反而一顆心都在孩子身上。終究體悟到，現在她生命的優先順序，跟以前不同了，更甘願把時間放在孩子身上，也有可能。
沒有行動，我們相信的價值，其實是死的。不只如此，還消磨我們的鬥志，我們的某部分，活著也像瀕死那樣。

9月6日

# 侵犯隱私的動作

孩子的年齡越大，能力越好，他要為自己負責的事也越來越多。家長除了逐步放手，在態度上，自然要給予越來越多的信任。

很多親子衝突，往往來自於家長還是把青少年當小朋友看待，低估孩子的能力。甚至有些父母，本來就習慣使用貶低為策略，來壓制孩子，不懂得說理討論。這時候，父母本身的成長停滯會受到挑戰，不是只有青少年很有情緒，連父母都可能常暴青筋，或者感覺異常傷心。

青少年常抱怨的，就是家長會查電腦、翻書包、看日記、開手機……當父母沒辦法信任自己的孩子，這些舉動，就變成明知道破壞關係，但又忍不住不去做的事。

其實，不要說是對青少年，這些舉動，父母自己也不喜歡，卻偏偏自我催眠，這些侵犯隱私的動作，都出自於愛。

也由於基本態度沒拿捏好，孩子晚一點回家，就可能奪命連環問：「到底去了哪裡？」、「你是不是在外面做什麼壞事，沒讓我知道？」

這種帶著負面眼光的緊迫盯人，很容易以「關心」的名義包裝。換句話說，就是因為親子之間信任關係沒那麼好，才要用這種方式互動。但是頻繁使用，到最後青少年怎麼可能以後有事會想家長說？

## 懂得經營生活是身教

如果父母把自己的生活弄得很貧乏，不要說孩子不想靠近。這種狀態下，父母自己也很難交到朋友，社交圈會變得很侷限。

父母懂得經營生活是身教，這世界有趣與美好的事物很多。如果我們沒學習，思考就容易流於呆板，那想要跟青少年互動，最後常只剩說教。

再進一步說，如果沒有學習，連說教都不太可能說得多好。很容易變得同樣的話，重複再重複，邏輯跳躍，破綻百出，觀念落伍。這時候，青少年有其他意見，就會被這種父母認為是態度不好。

這種互動方式，我們捫心自問，父母會想要嗎？一直被教訓，而且連有不同想法都被認為不禮貌，這不會很有壓力嗎？

9月8日

# 人與人相聚，當下盡可能好好相待

我被問到，「如果孩子說不跟你住，可以嗎？如果孩子說不想養你，可以嗎？」

我剛開始兩個問句都回答「可以」，後來我修正了，「不是我可以不可以的問題，這是孩子的決定」。說實話，孩子大了，他決心要走向遠方，我也只能祝福與目送。

不知道各位朋友，上面兩個問題，我們拿來問我們自己，我們會給出什麼答案？「父母在，不遠遊」，需不需要重新看待？

孩子小的時候，難免會有一些甜言蜜語，像是一輩子都要跟我們住在一起。這種甜蜜，我們收起來回味就好，孩子長大了，自然會重新思考，過去的承諾，也可能只是討好，也可能早就忘掉。

說不定，誰記得誰痛苦?!

哎呀，人生的聚散，常在一瞬之間。在我們能把握的這一刻，我們盡可能好好相待，等到說再見的時間點到來，看能不能換一個無憾？

在此刻，我們心靈與意念交流的瞬間，跟各位分享席慕容的詩句。祝福各位朋友，該轉身的時候，記得留下美麗的背影。

「不是所有的人都能知道時光的涵意，不是所有的人都懂得珍惜……這世間並沒有分離與衰老的命運，只有肯愛與不肯去愛的心。」

9月9日

## 愛惜自己比受人肯定還重要

俗話諺語中的智慧，像是幸福來自知足、需求最少的人最富有……原來這些說法從來沒消失過，只是她以前視而不見。她發現，用愛出發，像是打開了另一扇窗，看到的景物或許相同，但顏色亮度都不同了。

把自己放在愛裡面，好像跟自己做好朋友一樣。連拒絕別人的罪惡感，都只剩一下下，因為知道愛惜自己比受到別人肯定還重要。

在恐懼裡面活著，只想趕快度過每分每秒，最好是能夠忘掉。

在愛裡面就不一樣，期待著每一天的到來，日日過得比較清晰，回憶特別美好。

## 苦難讓我們與他人連結更深

婚前她以為她比較特別，因為他雖然坦承自己成年之後曾經跟人打架，但是他尊重她，她也愛他。於是，走過山盟海誓，他們決定一生相守。

但是，婚後好幾次衝突，她發現他想動手。還好她閃得快，帶著孩子回娘家，自己的爸媽也接納。

苦難常讓我們跟自己、跟他人，有更深的連結。

她媽媽會跟她一起罵她先生，讓她感覺到安慰。可是，她發現，這樣做，情緒暫時會比較好過，但是把她先生想成絕對的壞，反而沒有辦法讓她平靜。好像當初她瞎了眼，眼光很糟一樣。

所以，她這段時間，會主動找她爸聊。她爸不太罵她先生，當然也不怪她，她爸認為責怪沒辦法解決問題，常只是把事情搞得更糟。

她爸希望她藉著這件事成長，這跟小時候對她的教育一樣。她剛開始會有點埋怨，後來才意識到，她爸給的呵護，不希望她因此軟弱、依賴，而期待她學習堅強。

她知道她這輩子，沒辦法像爸媽愛她那樣，愛她的爸媽。但是她希望如果有來世，她想要她爸媽能當她的孩子，讓她有機會彌補她這輩子給不出的愛。

有時候，我們會碰上一種人，順他心意就被捧上天，逆他想法就被踩到地。那種大起大落的對待，讓我們嚇到，從此互動便戰戰兢兢。

即便是經營了很久的關係，也可以因為一件小事就變天。然後，我們過去的付出都好像不見了，甚至就只是因為一件小到可以忽略的事，關係就變得惡劣。很常見的狀況是，我們也因此懷疑，自己有了情緒管理的問題。

可是，我們又無法馬上放下，因為我們好像曾經對他很重要。似乎，解救他擺脫負面情緒的糾纏，捨我其誰。

那種雲霄飛車式的情緒，不只當事人痛苦，他身邊的人也難有一個好過。如果當事人就是我們的家人，那實在壓力很大，我們會很難擺脫一種自我質疑：「到底我做錯了什麼？」

有一種轉念的方式，乍看之下相當理想化，但也幾乎是唯一的方式。

想想看，這是他的問題，還是我們的問題。如果是他的問題，我們一直放在心上有什麼用，如果他本人根本不行動、不改變。如果是我們的問題，那想辦法改正就好，一直在情緒裡，也無法解脫。

9月12日

# 對方犯錯是為了引起我們的注意？

有時候，因為怕衝突，很多事，我們就不敢深究了。說實話，說不定對方是藉著這個「錯」，來引起我們注意，結果我們反而視若無睹。就我的角度來說，怕衝突，可能連「理解」的過程，都給跳過了。

不是都得要衝突，反而就是因為不希望以後再發生衝突，我們試著討論得深入一點。而不是頭往沙裡埋，當作沒發生過就好。

雙方要有清楚的理解，再來談諒解。理性上大家有共識了，情緒上大家都能接受了，那和解才有基礎。

莫名其妙就和解了，情緒不會因為這樣就平息，只會讓這段關係更加扭曲。

# 高標準檢視父母的孩子

當抽象性思辨能力提升，孩子剛開始會有過度理想化的現象。所以，孩子們會以高標準去檢視身邊的父母，卻發現看到父母，常出現低標準的行為。很多時候，孩子不了解，人生有很多無奈，父母也有許多逼不得已，凡事常有妥協，人生經驗不夠，孩子就是沒辦法理解父母。

作為常被孩子檢視的大人，我也常要承受孩子與年輕人的憤怒。我能理解，我要成為孩子與年輕人的出口，幫助他們度過這一段路。

因為我知道，要等到他們非常大了，所謂養兒方知父母恩，感受到字字句句裡面的感情，才會知道珍惜。

雖然等著孩子長大，大到能懂，有時感覺非常漫長。

9月14日

# 為什麼我是對的，但別人都不聽？

他雄辯滔滔，但除了在職場，身邊的關係都不是太好。他很疑惑，為什麼他是對的，但別人都不聽？

其實對、錯常是主觀的，這是第一點。其次，他講話的時候，常要顯得自己很聰明、正義、有邏輯合理性，那麼，很自然地就可能讓他人覺得他們很呆傻、惡劣、無理取鬧。

我們將心比心，誰喜歡跟人講話的時候，常被暗示甚至是指控，自己很呆傻、惡劣、無理取鬧？

第三點，可能更氣人的是，他似乎熱衷這種互動，並享受自己賦予自己的正面形象。或許，他靠這一套在職場過關斬將，是他很習慣的生存策略。

我肯定他講話的功力，既然他這麼會說話，不然來挑戰更高難度的，怎麼樣？

他微微笑，好像看我想要變出什麼把戲。

我說，如果把話說到，讓對方覺得被鼓勵，讓對方的價值感提升，讓對方願意為了自己設定的目標更努力，那麼，他的說話功力，就算是更進階了。

# 跟孩子探索他的自我

一個人成長過程中，要把自我探索得清楚，需要權威者扶持。鼓勵孩子去了解自己喜歡什麼，在各方面可能有什麼能力，對世界產生許多看法，雖然這些有可能讓權威者在跟孩子相處上更勞累。

不過，讓孩子清楚自己的自我，不僅僅是為了讓孩子將來更適應社會，有機會獨立與自律。一個人，如果清楚地知道自己要什麼，就能為自己而追求。這樣的追求，動力十足，也更有機會樂在其中。一個人能具體地把自己的好惡表達出來，這就是一種人際界線的設定，容易讓對方了解，減少碰撞與摸索的時間，在親密關係中更知道該怎麼相互配合。

一個人常連自己的喜好，都沒辦法表達清楚。那在親密關係中，就容易被踩到地雷，對方就算想刻意討好，也不見得摸得清楚方向。

沒有扶持孩子發展自我，親子關係會變得型式化、表面化。或許我們過去沒機會發展自我，但藉著跟孩子探索他的自我，家長常常也能重新把失落的自我拼接起來，甚至陪著孩子重新回到自己的童年，進行某種修補。

親子關係是修行的好場域，其中，促進孩子對自我的覺察，是一個很值得努力的方向，能同時利益家長與孩子雙方。

# 操心是一種自我中心的焦慮

操心很明顯表達著焦慮，那是一種自我中心的焦慮。簡單來說，操心的人，表面上是為了另一個人，事實上有某部分，是一直想要透過他人，來解決自己的情緒問題。

但是關心不同，那是表達支持，是想要跟對方站在一起，傾聽對方的心情。因為內在平靜，所以比較敏感，比較能感知對方目前的困境，而不是一直陷在自己的情緒裡面。因為夠冷靜，頭腦也會比較靈光，看事情也比較清楚透徹一點，角度比較全面。真要談解決什麼，這些都是好的基礎。

我們在關心他人的時候，我們自己也會變得比較柔軟安詳。在這種狀態下表達善意與喜愛，就會很自然而然，這能使人堅強，使人想靠近，而不是遠離。

如果我們真的是想要幫助對方，關心比操心有效多了。可惜，有時候一個人的情緒問題藉此歷程被包裝了，變成了某種控制，「如果不照我的話做，我就會一直操心」，讓對方承擔情緒，又能從外界獲得某種正面的觀感，強化了那放不下的憂慮。

其實我也不見得是對的，說不定強大的憂慮，真的讓事情變得更好，讓大家因為這樣的憂慮獲益也說不定。

9月17日

## 讓，只能偶一為之

很多家庭裡面，常常是強勢的人就有「理」，這種家庭文化，就不是那麼講理。「理」的講法，最好是符合大部分社會的互動法則，像是「說得到，做得到」、「己所不欲勿施於人」……

用「理」抓住大致的方向之後，再來談「情」，或者「讓」，比較好談。通常在我們情緒能容忍的範圍，我們會比較心甘情願地「讓」，不過，這個「讓」，也只能偶一為之，因為那容易累積情緒。

「讓」不方便長久如此，是因為通常不合理。不合理，就會造成互動上，會有某一方有困難，然後長久累積，便成「委屈」。

我看過不少家庭中影響力大者，或比較強勢者，要家人「讓」，單純是因為自己想省事，不想好好處理，或者處理不來，或者只想掩蓋問題，求個表面和平。然後就柿子挑軟的吃，誰有機會讓就要誰讓，不講理，只給壓力。

有時候，人善被人欺，特別是被家人欺的時候，心裡特別糾結委屈。把要照顧自己的力氣，一點點一點點地讓出去，給了某些家人，他們還不見得領情，讓自己感覺像傻蛋。

講了好多次，孩子還是不做家事、衣襪隨意亂扔，沒辦法，媽媽只好跟著在後面收尾。可是，這不是造成孩子下次繼續依然故我，媽媽繼續邊埋怨、邊收拾的原因之一嗎？

對不強調處罰的人來說，更在意要讓孩子承擔他行為的結果。孩子沒把衣物放到洗衣籃，我們就按照原先講好的約定，不洗他的衣襪，讓他穿舊的、黏膩的衣襪上學、外出，這是一種教育的過程。

可是，有些當事人表面上同意，但執行起來，還是會受到一些難以撼動的信念影響，像是「維持家庭整潔，是媽媽的責任」、「讓孩子穿舊的、黏膩的衣襪上學，會被別人認為是不負責任的媽媽」……

有時候，長話短說，我就會用「犧牲者跟受害者是好朋友」這句話，來跟當事人談。這句話不是只適用在親子關係，而是可以拿到任何關係來思考。

犧牲的越多，情緒越不滿足，身體越來越疲憊，受害者的劇本就會越編越扎實。

我們不想一輩子人生這樣過，在年輕的時候就要開始努力。像是跟家人約定好的事，請他們照著約定執行，自己也要忍住想「幫忙」的衝動。家人該承擔的後果，讓他們自己承擔，學著在心理上長大。

9月19日

# 跟孩子成為朋友的目的

有些父母想跟孩子成為朋友，是被強烈的焦慮驅動，想從孩子口中知道更多關於孩子的訊息。對孩子的判斷力存疑，所以很多事都想知道得很細，想隨時介入。這種互動常變成一問一答，可是如果真的是朋友，會比較像聊天，那是一來一往地交流，而且地位通常比較接近平等，氣氛很不一樣。

問問自己，我們真的是想當朋友，還是想要「監控」孩子？還是我們自己沒朋友，感覺寂寞，非得要孩子填補這個空缺？

先從聊天開始吧！如果親子關係沒有搞得太僵，孩子在身邊，多少會出現一些比較輕鬆的時刻。

聊的時候，可以先從一些無關緊要的事情開始。別像審訊犯人一樣，一直問到個人身上去，這種跟隱私有關的事，誰都不喜歡是在被迫的情況下講。聊到有安全感，信任度也夠，自然會透露。

如果能從孩子的興趣開始聊也好，不過，如果連孩子的興趣也不知道，那就表示我們的功課實在做得不夠。要跟一個人互動，常要從某些交集出發，才能慢慢連結。

9月20日

## 不造成他人負擔，也是一種成就

操控者也會自欺欺人、自我催眠，他們可能是真心相信自己是對別人好，所以才要用負面手段對待他們所「愛」的人。

有時候，操控者是藉著操控他人，轉移自己的注意力，不想去面對自己內在的困境。如果到最後，操控者講理講不過了，還可以拿情緒來壓人，拿權威來逼人就範，拿種種對他們有利的道德說法來讓人屈服。

操控關係裡出現的強勢言論，常昧於事實、不合邏輯、充滿情緒。操控者就是不希望被操控者有太多理性的思考，以免不受控，然後乖乖地臣服在被喚起的負面情緒之下，最終按照他們的期待走。

重點要回到我們自己身上，先把道理在自己身上整理一遍，覺得合理的，跟對方溝通。對方講得有道理，我們也可以試著接受。萬一，對方就是硬要扯到情緒、權威、選擇性的道德標準，就是不想講理，那我們只好盡可能求過好自己的生活。

過好自己的生活，真的沒想像中那麼簡單。而且把自己照顧好，至少不造成他人負擔，這也是一種成就。從這個方向想，也是脫離操控關係的一種方法。

9月21日

## 知道自己的限制，容許犯錯

我們表現出越完整而真實的人性，孩子會有更多的學習。尤其更難的是，父母自己藉著犯錯的過程，歷經許多未知，慢慢學會站起來面對錯誤的一點一滴，都是孩子學著走人生道路的教材。

肯認錯的父母懂得謙虛，知道自己不足，才有學習的動機，才比較有機會積極面對困境。由於現代社會過於複雜，謙虛的父母，願意跟孩子一起探索人生，教學相長，而不是自以為是萬事通，常給孩子否定。

尤其是父母因為犯錯而情緒低落的時候，如果靠自我肯定與鼓勵，讓自己能修復與繼續改變。父母對於這個歷程如果足夠熟悉，那麼，孩子也犯了錯的時候，這樣的父母就會嘗試著增強孩子心理的能量，讓孩子學習這一輩子都用得到的內在能力，而不是一下子就幫孩子承擔結果，雖然這樣暫時比較快且省力。

更重要的是，父母藉著自己的樣子來教導孩子，要對自己時時保持好奇，知道自己的限制，容許犯錯。如此，孩子知道錯誤並不是那麼不可接受，常是有所追求的必經道路，那就更有勇氣為自己努力。

# 表面上講願意溝通，只是一種話術

如果在關係裡面，當我們所說的道理，對方不能根據他的人生經驗、邏輯推演，依他個人的認知進行修正的話，那很可能會變成一種壓力。

在《療癒誌》裡有一段話：「其實在家庭裡大部分情況，溝通會比較像『說服』或『命令』。最常見的，是出現在權力不均等的處境，也就是權威者只想要別人接受他的想法，至於別人的想法，權威者並不那麼在乎。」

讓人最氣惱的，是這種心態：「很多時候，表面上講願意溝通，只是一種話術。或者有另一種講法，『只要你能說服我，我就同意你』，但大致上都說服不了他。」

這牽涉到人的個性，有些人學習的心態很強，願意找到自己的盲點，自我修正，討論起來態度就很誠懇。這種人可以跟各種年紀的人交朋友，能談的話題也比較多，情緒也相對穩定。

可是反而是那種邏輯不太連貫的，人生經驗比較侷限的，防衛心特別重，而且特別容易感覺被冒犯，因此情緒激動。而且溝通不下去時，這種人常會把狀況搞成不是他講輸我們，而是他不喜歡我們，包括不喜歡我們的態度，所以才不想繼續談這個話題。

# 要不要停止對話

每段關係中的雙方，都擁有一種決定關係命運的權力，就是要不要停止對話。沉默的一方，需要認知到自己對關係很重要，可以行使這樣的權力，重啟對話。不過，大部分人只要沉默了一段時間，大概是心裡已經想要放棄了，是認為自己無力再互動下去，那時候已經意識不到自己的重要性了。

互動的時候，我們的情緒，可能比我們的思考，有更大的影響力。

就算我們很有誠意打開僵局，但是我們心裡想著要講出來的意思，未必對方就能準確地接收到。當負面情緒占領對方的時候，負面解讀的可能性就會自然提高。

而且還不只是這樣，假設對方扭曲了我們的善意，我們的心沒靜下來，一樣容易用負面的方式回應。

所以溝通之前，不談情緒不行。要談情緒，那就要從身體覺察、情緒辨識、彈性思考、感恩祝福……等，一步一步把基本功練起。而且，基本功練好了，不只是對愛情，對所有關係都很有助益。

雖然看起來困難，但要維持親密關係本來就不容易。如果讓「不」與沉默輕易地贏了，關係裡面的雙方就算輸了。

9月24日

# 真的可憐

一直裝可憐的人，其實很可憐。

那像是把自己關在「可憐」這個籠子裡，一直要他人來救，但是自己又緊握著門把不開門。

9月25日

# 表面的關心

我認識有位朋友，遇到他人有困頓、挫折，很喜歡一聽完對方的遭遇，就告訴對方「一切都是最好的安排」。可是，這句話是要往內走，求內心平靜，最後凡事無不可愛，那是很不容易的境界；如果要往外走，面對人際與社會，做事還是要有方法，我們會規劃、計算，不太可能什麼安排都好。

把這句話當口頭禪，比較像是說給自己聽，要提醒自己。可是，對對方來說，沒有從當事人的情緒與經驗出發，就是講這麼一句話，那可能只進到對方耳裡，沒進到心裡。還有一種可能是，在對方還沒被全然理解的情況下，又被說他的困頓、挫折是一種最好的安排，儘管表面上沒說什麼，內心可能會起一把無名火。

沒往心裡走，沒去把事件對個人的意義與解讀談出來，沒去回到個人的人生經驗出發，會比較像一般的勸告、安慰，那也是一種關心，也會有效，只是有限。

9月26日

## 獨立思考

一個人要懂得想，學會思考的方法，有基本的邏輯觀念，才好面對多變的生活，特別是無法依賴父母的時候。所以父母為了自己好管教，為了滿足自己的情緒，所教養出來的貼心的孩子，可能是壓抑了孩子的本性與潛能。

一個小時候看起來乖巧順遂的孩子，不是都不會遭遇問題，而是這些問題看似已經先被父母解決了、處理了（有些事，真的是父母自己處理，比教孩子處理還要簡單得多）。可是，等到孩子長大，他照樣要面對，只是把問題延後了而已。

但是，如果這麼說來，孩子被教得很有自己的想法，父母感覺教起來比較困難怎麼辦？

有自己想法的，不會只有自己的孩子，基本上父母所面對的所有人，大致上常有不同立場與想法。那麼，連有自己想法的孩子，父母都面對不了嗎？父母不想看到，自己放手之後，孩子能靠自己的力量，面對自己的人生嗎？

9月27日

# 會呼吸的關係

有時候，關係中的雙方，如果被外人介入太多力量，容易複雜化。簡單的問題，反而會變得難解，即使大家的初衷本意良善。

有時候，讓人難受的事就是會發生。有時候，我們就是會眼睜睜地看著濃情轉淡，親人病逝，我們再多管，也無濟於事。這本來就是要學習的功課，讓我們能涵容領受，透過其中的意義滋養。

很多不關我們的事，別借題發揮，想讓他人知道我們的厲害，或者強調我們的重要性，藉機來獲得肯定。管太多，到最後可能落得裡外不是人，又寒心後悔。

不是每件事都要管，不是每個問題都要回應，不是每個議題都要表達看法。裝糊塗不是真糊塗，有時候，什麼事都要管，那會見樹不見林，忽略了大方向。

在關係裡面，也要學著睜一隻眼閉一隻眼，給對方空間。很難有人能完全按照另一個人的意志而活，就算是父母管孩子也一樣，不一樣並不表示就要改，有時候不一樣也會帶來精彩。

沒辦法呼吸的關係誰都不喜歡，看開一點，多一點自在。

9月28日

## 壞心情就像開車沒握著方向盤

最近有個機會，跟大班的小朋友談情緒。我說，壞心情就像開車沒握著方向盤，一不小心就會撞到牆壁；兩個壞心情的人開車可能會發生車禍，就是吵架、打架。要常有好心情，我們要學習握著方向盤，學習踩剎車，比較不會發生危險。

握著方向盤，把車開到讓我們高興的地方，做我們喜歡做的事。踩剎車就是快要撞到別人，想要跟別人吵架的時候，先走開，不要讓車繼續前進，要不然會車禍受傷。

所以要有好心情要練習，就好像本來自動駕駛的情緒，雖然反應很快，但也可能造成我們的困擾。特別是現在比較複雜的社會情境，遇到事情常要先花時間想一想，會比較清楚怎麼樣的情緒表現比較適當。手動駕駛剛開始反應沒那麼快，但會比較少一點後續的困擾，而且越練習可以越快！

9月29日

# 期待家長能給出的教育，能被自己看得起

我看到一位媽媽在才藝班門口接小孩。孩子約小一左右，動作比較慢，晃啊晃的，坐下來穿鞋子。

媽媽靠在牆上，眼睛盯著手機螢幕，催促著孩子「快一點」，大概講了四、五聲左右。這過程中，也許斜眼看了一下孩子，大部分時間還是看著手機。

然後，母子兩人過馬路。媽媽在前，孩子在後，小男生天真爛漫，眼神東飄西看。也不知道媽媽有沒有看馬路，只見眼睛還捨不得離開手機，兩個人就這樣慢慢地過了馬路。

媽媽看手機的時間，可能遠遠多過於正眼看著孩子。

成年子女傷人，就要找他們的父母出來道歉，這種文化我不是很能接受。可是，子女未成年，父母要負很多責任，要花時間教，這個我很在意。現代人事情已經很多、很忙了，還要用3C商品來瓜分跟孩子相處的時間，那我們還能給孩子什麼？

英國哲學家赫伯特•史賓賽說過：「教育是讓孩子成為快樂自信的人，教育的手段和方法也應該是快樂的。就像一根吸管，這頭吸進去如果是苦澀的汁水，另一端流出來的絕不會是甘甜的蜜汁。」

期待家長能給出的教育，能被自己看得起！

# 9月30日 以愛掠奪資源

「無條件的愛」，是一種理想，很不容易做到。也許一個人越來越成熟，不斷修養自己，能夠慢慢逼近這樣的狀態。一般人的愛，常有許多條件。

以我來說，即便是我對孩子的愛，也是有前提的。其中一個重要的前提，是孩子不能隨意打罵我，偷竊我的財物，損害我生存的根本，那就直接了損害我愛人的能力。

所以我常提醒年輕男女，以愛為名的掠奪，在情愛關係中不是奇怪的事。對方可能只是想藉著關係，滿足他個人的需要，我們如果有警覺，不必然要留戀在這樣的關係裡，期待對方改變。要等到對方改變，我們不知道有沒有足夠的資源可被消耗。

即便是親情，也常有條件。例如，養兒防老。父母照顧孩子，也希望自己老了，能被孩子照顧，這是人性。換成子女長大變成父母，在照顧自己子女的時候，也很自然會有這樣的期待。

其實，愛得有條件，那並不都是罪惡。重點是，我們要覺察自己預設的條件是什麼，而不是條件一大堆，又宣稱自己無條件。

# October

10月1日

## 愛的能量轉化

愛實在是一種包含廣大的詞，可以涵蓋多種關係。像是某位朋友，雖然不婚，但對她的姪子有著很大的關懷，那種愛的感覺也可以很強烈。

然後，藉著這樣的情感，對他人的人生，有著無比的好奇與興趣。光是這樣的能量，就有可能轉化成，讓自己更好的動力。

如果對方也願意接受這樣的情感，也帶著這樣的好奇與興趣，那雙方之間就會有深刻的連結。那種疏離與寂寞，頓時就像糖化在水裡，消失無形，又有甜意。

10月2日

## 我們不需要緊緊抓住關係才能有安全感

依賴著關係而活，很容易會出現，「我的付出你不接受，就是否定我」這種心態，即便對方根本沒有要當事人這樣付出，也並非否定。但是，如果把「其實你不用這麼做」的想法傳達給當事人，當事人還會不高興，因為他可能只知道用這種方式，獲得對方的回饋，以建立自己的價值。

當事人有時候是真的看不到因此而造成的對方的困擾，因為他的需求太迫切、太渴望了。他個人的滿足是第一優先，他真的滿足了（其實很難），或許才會把對方的狀況看清楚，開始自我調整。

我們不需要緊緊抓住關係才能有安全感，我們也可以信任我們自己，單純地為自己有能力貢獻而喜悅。

# 用過度簡化的哲學過生活，很容易碰壁

有的人以自己為圓心，想辦法控制自己身邊的世界，盡可能繞著自己運轉。這樣的生活方式，在他能控制的部分，固然比較能遂行個人的意願。但是不能控制的部分，其實沒有比較少，而且不想被他控制到的人會盡可能閃躲，其實嚴格來說，也控制不了什麼。只是當事人把自己的眼光侷限在很小的地方，不聽不看，就好像這個世界因此變得安全，都在他的掌握之中。

用比較直接一點的語彙來說，他在他所營造的世界裡，或許是個霸主，他說什麼就是什麼。其實就外人來看，其實他連自己都看不透，裝腔作勢賣弄兼呼攏。只是，在他統治下求生存的「人民」，想得越多越痛苦就是了，只好常讓自己麻木來換得一時的解脫。

活著本來就不容易，想要用過度簡化的哲學過生活，很容易碰壁。能接納人我的不同，其實要體驗過不少人生經歷，我提醒我自己，試著往這個方向走，別自以為有能力輕易為這個世界下定義。

10月4日

## 不在心底起回應

他說我們從小太習慣考試，遇到事情，一定要先分個是非對錯。但是生活不是考試，現在資訊爆炸，如果每件事都要在心裡回應，那麼，挺累人的！

我問他，是在什麼情況下，開始練習只看只聽，然後不評論、不回應？

他笑了笑，說這跟他爸有關。他爸講話，基本上就是要別人同意他老人家說出口的論點，大部分就只有這個目的。聽他爸講話，感覺很煩躁。

他從書上學了一個方法，然後持續練習。那就是，專心聽，連他爸爸講話的語調、停頓都聽進去，只想著聽，不起回應。他爸要他回應的時候，他再回應，然後準備好他跟他爸想法不同的時候，再被他爸反駁，然後他又開始繼續注意聽，不起回應。

他發現，真的是越來越平靜。靜到一種境界的時候，連自己心底冒出來的聲音，聽起來就像是另外一個人在講話一樣。而且，因為他很認真聽，所以他老爸的意思聽得很清楚，聽出來的意思跟他老爸想表達的相去不遠，他爸也不需要再重複解釋。

我真是覺得太有趣了，所以跟各位朋友分享。不是每件事，我們都非得在心裡回應、評論。那麼，我們的情緒，也就不必然要隨之起舞了。

10月5日

# 我們常把最客氣的話留給外人，但把最難聽的話留給家人

最近接受某位主持人訪問，她的訪問就像聊天，思慮清晰口條流暢，所以我很自然地進入了狀況。她問到，家人之間好像都不太溝通？

我突然有個感觸，脫稿演出。在溝通之前，在正式地要把什麼事解決之前，我們好像忘了多一點時間給彼此，互相了解。就是因為親如家人，我們確信我們了解對方，因而少花時間互動。

可能講沒幾句，就嫌煩。話題就那些，已經聽八百遍了，還要專心聽，實在很難。

我們常把最客氣的話留給外人，但把最難聽的話留給家人。講實在話，除了情緒問題，還有態度問題。也就是，我們願不願意「專心」地把這段時間，留給家人，即使聽他再講那重複了八百遍的話？做那重複八百遍的事？

當然，最好的情況下，跟家人的相處，可以用心經營。吃不同的餐廳、看不同的景色、踏上不一樣的旅程……或者，單純是聊聊不同的主題，跟家人一起體驗新鮮的事物，可以讓煩躁少一點，趣味多一些。

平常就有聊天的默契，那麼，彼此多了解一些，誤會就會少一些。然後，真正要坐下來好好溝通的事，就會變少一點。

10月6日

# 對方不見得是壞人，但無知與衝動也可以傷人

義無反顧地相信對方，那常是對對方懷抱著很強烈的好感，一直幫對方的行為找正面與合理的理由，那也很有可能不小心讓自己陷入一個非常脆弱的處境。

如果這好感如此強烈，甚至有可能連自己都迷失掉。那時候，反而要試著跟自己的情緒保持距離，重新檢視這些「相信」。

「他向你承諾的時候，很有可能是真心的，而不是蓄意欺騙，只是他無力履行。當他滿口謊言的時候，有可能是為了保護自己，而不是有意想傷害你。」

不管是對方，或者我們自己，都可以這麼想過一遍。孩子常為了討好大人，或者對自己的判斷力與控制力還不足，所以答應了大人的要求。如果每個孩子做不到的承諾，我們都指控為說謊，那實在太沉重。

有些大人啊，其實就是長不大的孩子。這種人如果給承諾，我們還不能隨便接受，這種眼力，是我們在社會上打滾之後，不得不磨出來的見識。吃過虧，就知道對方不見得是壞人，但無知與衝動也可以傷人。

如果是我們自己還沒長大，那承諾可別輕易給。給了承諾又做不到，被定了型，那要翻轉也不見得再有機會了。

10月7日

## 自己也相信了自己的解釋，把自己當成一切困境的根源

父母不開心，孩子不知箇中緣由，就往自己的身上找問題。

「是不是自己做錯了什麼，讓爸爸媽媽生氣？」

很多時候，大人世界裡發生的事，孩子實在不懂。理性上不懂，感性上卻受到爸爸媽媽的牽引，累積了不少負面的情緒。情緒無處安放，所以怪罪自己，莫名其妙想出了幾個理由，合理化了自己的情緒，解釋了他的困境。

「如果不是我這麼不好，為什麼爸爸媽媽會不開心？」

雖然是問句，但拿來質疑自己，就像是個肯定句了。於是，自己也相信了自己的解釋，把自己當成一切困境的根源，藉此不斷地想要消化大人給的情緒。情緒是暫時安放了，可是，沒放對地方，這埋下了日後容易情緒困擾的伏筆。

爸爸媽媽其實沒有對孩子怎麼樣不好，該有的生理上的照顧還是沒有少。可是，爸爸媽媽的心不夠細、不夠敏感，沒辦法進入孩子的內心裡去陪伴。也或許是，爸爸媽媽也有他們自己的人生功課正在進行，泥菩薩過江，顧不了孩子。

做為一個旁觀者，以前我會忍不住想怪罪大人，後來發現，人生的功課太難，有些困境，任誰再怎麼努力也很難求個圓滿。所以，我現在滿心只想提醒，提醒爸爸媽媽們，在自己有餘力的時候，去看顧一下孩子的心。

# 愛與榜樣，是教育孩子的核心

在情緒勒索的狀況下，常常生氣與自憐自苦會交替著使用，讓對方內疚，以逼迫對方屈從。在一般沒那麼複雜的狀況下，單純用生氣讓對方屈服，不管是家庭、職場，都不算少見。

對某些心理強度不夠的人來說，威脅對方自己即將生氣，就能造成一定的壓力。像是威脅在身心方面很依賴大人的孩子，父母的生氣就會產生比較大的作用。

佯裝生氣，要孩子閉嘴，以聽從家長的命令，是很常見的教養手段。不過，我也常提醒家長，這種手段有短效，很容易成慣性。但這種方式一旦養成習慣，父母就會越來越容易生氣，孩子感受到的情緒壓力也會越來越大，容易產生不在我們預期之中的副作用，對雙方都有壞處。

然後，會不小心忽略了，愛與榜樣，是教育孩子的核心。說理、示範、鼓勵……這些需要花時間的教養方式，很難用生氣去取代。

有時候，我會用另一種方式，退而求其次地，提醒家長。說一次負面的話，就要再說一次正面的話來平衡，至少先做到1比1。

10月9日

# 如果出口講不出好話，那不如先不講話

助人者如果耐心不夠，等不了，又看不慣對方在痛苦中的狀態，想罵人。那麼，記得一句話，「如果出口講不出好話，那不如先不講話！」

有些話，就算再有道理，出現的太晚、太早，都不好。什麼時機能剛剛好，就只有上天明瞭。

有些話，要對的人講，才能早一點生效。像我曾經遇過，同樣的一句話，我講了許多次，就是沒用，某教授一說出口，家長馬上照辦。夠不夠權威、有沒有足夠的人生經驗，或者單純就是長得有沒有說服力，都會讓話的分量不一樣。

助人這件事，不是我們努力就可以。我們只是催化劑，行動的發動者還是在對方，力量藏在對方心裡。要不要前進，我們得尊重他。

助人者最終要面對的，就是我們可能無能為力的自我質疑。這關過了，即使受了傷也會輕一些。那時候，心裡有什麼不愉快，想著能洗乾淨就好，別往角落裡堆。

10月10日

## 帶著尊重，重新看待新的家庭

在婚禮上，男女雙方的長輩，會客氣禮貌地說：「我們又多了一個兒子」或「我們又多了一個女兒」。姑且不論是否真心，這句話其實有待商榷。

新的家庭，不能單純視為是原生家庭的延伸。如果真要這樣說，新的家庭，是男方原生家庭的延伸？還是女方原生家庭的延伸呢？是看哪一方比較強勢嗎？還是跟哪一方的長輩住，就是那一方的延伸？

新的家庭出現，它就是一個新的單位，要形成一個新的默契與運作法則。不論是男女雙方的長輩，都要帶著尊重，重新看待新的家庭，而不是要求新的家庭要來延續過去的種種習慣。

不管是哪一種生活習慣，或者是價值觀，都要重新通過新的家庭成員之間的檢驗與妥協。不是大家都要順從我，才叫尊重我，我才算有一些價值。

真正有影響力的人，是拿這樣的影響力，來成就對方。只有聽我的話，才能過得幸福，這邏輯會有點問題。幸福是主觀感受，無論如何，要對方感受到才算，而不是我感受到才算數。

# 因為害怕某個問題，我們常製造了另一個問題

當一個人進入一段深刻的關係，不被自己接納的部分，就在每日每日的相處之中，無法躲藏地呈現出來。那個部分，可能連自己的父母都不見得清楚，可是，不被自己接納的，再加上不被對方接納的雙重害怕，就在日漸親密的過程當中，終有一天會分離的恐懼，也日漸茁壯。

當我們被終有一天會分離的恐懼，壓得喘不過氣來的時候，我們會做什麼？

是我們主動想辦法分手，免得被對方搶先說，心裡更痛？還是說我們為了挽回關係，頻頻生氣，試著把對方拉得更靠近？又或者我們調整好我們自己，不管將來在不在關係裡，我們可以一個人活得好，也專注在關係當下的美好？

還有一些人，會要自己不去想。不去想，其實在恍恍惚惚之間，想得更多。所以將自己帶離自己的感受，像是投入另一種更強的感受、拚命工作讓身體勞累到難以感受、用藥物停止自己的思慮。

因為害怕某個問題，我們常製造了另一個問題。我們以為是一種因應，其實只是更加辛苦自己。

我們要能敞開自己，對方才能接近。對方也得要讓他的情緒自在流動，我們也才能跟著一起遨遊。

10月12日

## 打罵是攻擊行為

我最近跟一位朋友聊到，我越來越疑惑處罰的必要性。他情緒有點小激動，「你不要等你的孩子以後對你怎麼樣了，才來後悔！」，我跟他討論，他提到最近的新聞。他說，沒有處罰，以後孩子變壞，後果誰來承擔？

一個人被打罵，很自然而然就會想要以牙還牙，像是我們說到的頂嘴，就很接近一種罵回去的動作。做孩子的，也會想要用父母對待他們的方式，來對待回去，這是人性。只是大人的體力與資源都強或多於小孩，所以小孩不敢，社會也自有其約制的力量或者論述，「大人打罵小孩是教小孩，小孩打罵大人是壞孩子！」

孩子的攻擊性強，常常跟攻擊行為出現較多的家庭有關，這樣的研究結果也不意外。這是最基本的身教或模仿，打罵就是一種典型的攻擊行為。

很多孩子，會在年紀還小的時候，生氣時氣到會打罵父母，父母兇過之後，就不敢了。然而，翻開社會新聞，他是不敢這麼做，可是很多遺憾告訴我們，有些孩子長大之後還是會動手的。

我們在打罵之前，有沒有先讓孩子感覺到我們的慈愛，這也很重要。真的要執行打罵處罰，還是等氣消之後比較好。

他跟我抱怨，妹妹霸道，又愛黏著他。他做什麼事，她也要搶著做、搶著玩，她不懂，就要他教、要他讓。如果他不聽從妹妹的話，妹妹會說：「那我要去跟媽媽講！」

他又氣她，又怕她。因為她常對他發脾氣，甚至還會打他。他這個人本來是很溫和的人，後來受不了了，就會還手，她居於弱勢，就會去向媽媽告狀。

這些事，媽媽都知道。但是，她的立場態度倒是很一致：「你就讓她嘛！」、「她是你妹妹，你為什麼不對她好一點？你有做哥哥的樣子嗎？」、「你做哥哥的人，怎麼可以打妹妹?!」

他真的是怨氣沖天，他不是每次都還手，他也有跟媽媽反應過。媽媽的處理，就是問明原因之後，重複那像是咒語一樣的台詞：「你就讓她嘛！」

基本上，就是不處理，要哥哥把情緒吞下去。

連回家都要一直受人欺負，連為自己講話的餘地都沒有。這種生活，會讓人對這個家的正向情感，全都被厭惡、煩悶所淹沒。然後，等長大以後，終於有能力離家，也要花很多時間療傷。因為在這種狀況下，不要說對妹妹，對爸媽的置之不理，也很難一下子諒解吧！

10月14日

# 好像世上只有他是好人

在一個班級裡，老師如果發下白紙，限時回收，請學生寫下：「你在班上討厭什麼人？」研究結果很有趣，寫下越多討厭的人的學生，他自己也被越多人討厭。我沒看到數據，不過我猜，這相關關係超過統計顯著的機會大概很高，這很符合我跟人相處的經驗。

如果有人一直覺得旁人都對他不好，那麼我猜，他可能對旁人也不見得太好。他如果講到別人沒有一句好話，通常別人背後講他，恐怕好話也不多。

我認識一位朋友也是這樣，談到人的時候，壞話遠遠多過好話，什麼人的壞話都講，連小孩子也不放過，好像世界上只有他一個人是好人。聽他說話要很小心，他又很喜歡遷怒，聽他說話還要常變成他的出氣筒，讓他發洩情緒。

我常想，與其講人壞話，不如把時間拿來運動，紓壓的效果更好，還可以增進健康。有時候要拿來探討，自我改進，都不講很難，但少講其實做得到。

# 懂得獨立生活是基本，然後才來談進入關係

我們常忘了，我們懂得獨立生活是基本，然後才來談進入關係，扮演各種角色，或者承擔工作。假如，一個人全心投入工作，沒有注意好好生活，那麼，長久來說，生活上的困境也會影響工作，甚至困境大到沒辦法工作。

性別只是角色之一，扮演男性或女性的方式，也不只一種。我們實在沒有必要，把每一種角色最刻板的劇本拿出來演，對著他人宣示我們捍衛傳統，來贏得一些自尊。

自尊有很大一部分，來自自重。我們自己建設好了，在心理上，別人很難從我們這拿走什麼。我們生命的厚度夠厚，我們經歷了許多事，也對自己有種種的認識，那麼，輸贏變得只在淺層，是輸是贏，也不見得能破壞我跟他人之間的連結。反而是我對輸贏有過激的反應，這個狀態，更可能影響我跟他人之間的關係。

# 好話的回音沒有盡頭

他自己最大的毛病，就是不能容忍錯誤。他不做沒把握的事，這些事讓別人做，錯了就怪罪。別人要怪他，他就防衛，先怪回去，先下手為強。

他定義自己能力的方式，就是自己不犯錯。一犯錯，先不饒過自己，儘管在他人面前，他把自己護衛得很緊。

他的困境在於，哪個人跟他親近，就把他當成「自己」人。講話也不客氣了，態度也不修飾了，脾氣也不控制了，他用對待自己的方式，拿來對待他人。

如果想要有好關係，就先別把他人當「自己」人。更深一點來說，是對待自己的方式，要像對一個陌生人那樣開始——講好話。

我最近很喜歡德蕾莎修女的話：「好話可以短，而且容易說，但是他們的回音真的是沒有盡頭。」

自己跟自己的關係，沒先處理好，世界容易變成自己投射的那樣。每一次怪罪，不見得傷到別人，其實先傷到自己。自己心裡不平靜，看這個世界，就是一副糟糕的模樣。

# 是不是我們希望藉著對方聽話，來滿足我們什麼需求？

如果要維持一段關係，那麼，我們要尊重對方的職權範圍。也就是，如果那是對方的事，他沒有要求我們幫忙，也沒有要聽我們的意見，那麼我們能夠不干擾他，就算是幫他的忙了。

很多時候，有人會用「關心」來包裝與美化，事實上，有一定人際經驗的人就知道，至少有一半或大部分的原因，就是因為忍不住、看不慣，對方不按照我們的期望來過生活，我們在情緒上就覺得不舒服。所以，所謂的「關心」，常常是期望或要求對方按照我們的想法，如果對方照做，我們的心裡就會暫時好過一點。所以，重點在我們的情緒管理，我們的心胸不夠開闊、不太懂得包容，不知道怎麼化解自己的焦躁，對方有對方的職權，我們過好我們的生活，做好本分，就很不容易了。

如果「關心」一個人，讓對方壓力很大，這通常不是關心的本意。已經造成對方的困擾，對方也不斷抗議，我們還是堅持要「關心」，停不下來，那我們就得反思，是不是我們希望藉著對方聽話，來滿足我們什麼需求？

## 10月18日 不隨意給孩子糖果

兒童不是玩具，未經父母同意，不能隨意碰觸。這種現象常出現在無法自我表達的寶寶身上，想抱、想摸，甚至捏到臉紅。孩子夠大了，能表達了，更是要尊重孩子的意願，即便只是牽手或擁抱，這種一般性的舉動，也要注意界線。

我自己不隨意碰孩子，因為有些孩子不喜歡被碰觸，有觸覺敏感，碰他會有很大的情緒反應。

我也不隨便盯著孩子看，有些孩子有視覺敏感，很不喜歡被看。

其實，不碰、不看，尊重孩子的情緒，是有好處的。有時候，孩子有這些狀況，自己不會說，我們不經意的舉動，會讓孩子的情緒累積。等到孩子爆發了，我們大人莫名其妙，反而會覺得孩子無理取鬧。

另外有一種狀況，就是隨意給孩子糖果、餅乾，孩子即便同意，這個部分絕對要問過父母。有些色素會讓孩子很high，巧克力類的東西也不是每個孩子都可以吃，有些食物會過敏，這個要小心，不是我們想給就能給。

我知道一下子要改變不容易。期待我們一起尊重孩子，讓這個聲音多一分力量。

10月19日

# 我剛好這段時間都可以給你

不知道各位朋友，有沒有一個經驗，就是一早起來悶悶的，這一整天的色彩都跟往常不同了。也許是因為某個事件，也許是因為積累已久，想抽身也離不開的心境。

昨天我有這種狀況，主要跟因為某個新聞有關，但也可能是因為最近的生活事件引起。我已經很久沒有那麼強的哀傷了，平常我的情緒都淡淡的。

如果早上起床，不是積極向上的心情，不是那種飽滿的正能量，那會怎麼樣？各位朋友，其實不會怎麼樣，即便不是旁人想要看到的快樂，那就是這個人生真實的樣子。

讓自己的情緒自由，當下情緒是什麼樣的，面對自己的時候，不需要偽裝。「要管好自己的情緒」，我曾經被朋友這樣善意的提醒，我沒針對這段話回應。我倒是轉向我的內心，對著情緒說：「你想停多久都沒關係，我剛好這一段時間可以給你。」

10月20日

# 美化母愛的焦慮

過度美化的母愛，讓扮演媽媽角色的人，壓力很大。

一個人心情要穩定，要接納自己，是連自己的陰暗面也要覺察、理解，一併接納才算。可是，過度美化的母愛，實際上讓很多媽媽很焦慮，給自己訂了很高的目標，然後容易覺得自己做不到，挫折感重，壓力很大！然後被他人用這種不合理的形象要求，壓力更大！

從小孩的角度來說，對父母有負面情緒，其實是正常的事。可是，整體社會希望壓抑這種負面情緒，反而讓我們對父母有負面情緒的時候，又會產生罪惡感，更加重了我們的情緒負擔。不想面對，負面的情緒就無法紓解，又用負面的情緒再壓上去，更造成了身心失衡。

# 10月21日

# 只是暫時卡關

我不會用「愛」來形容，但我確實關心很多人的生活，我感覺這增添了某種厚度。

有時候，自己過不去的時候，想想他人就知道，命運給了不同的人不同的難題，我常因此寬心。因為要讓我過其他人的生活，我更是不知道怎麼過，自己目前暫時雖然卡關，但起碼自己最熟悉是怎麼走到這樣的田地，也相對甘願承受。

人看得多了，就知道自己很平凡。平凡的人，受著平凡的苦，也有平淡的歡樂，最重要有顆平靜的心。把這些都認清楚，說不定比指望好命好運，還更有機會接近幸福。

10月22日

# 不是只有生病的人才是人

我常講，我們在親子關係中學到的，也常常可以應用在其他關係。不只是對小孩，對長輩、老人，或者照顧病人也是如此。「不要那麼快回應」，那常會以傾聽與同理的形式表現出來。

當所愛的人表達憤怒時，不用馬上把這種行為解讀為針對我們，他們可能只是覺得無助。多一種方式來說，對於自己的無助、無能，他們感到氣惱，特別以男性來說，常用生氣來掩飾無能的痛苦。當然，不會「完全」都跟我們沒關係，但是他們說的每句話，都往心裡去，那也不必，苦了自己，對他們也沒好處。

對於我們自己的界線，還是要記得表達。我們容易被什麼樣的言語與行動激怒，這也要讓對方知道——雖然在病苦當中的人，特別不容易控制自己的行為。總是要試著轉達，不是只有生病的人才是人，照顧者也需要被鼓勵。

家庭照顧者，本來就特別容易心力交瘁，年紀也到了，本來心力、體力的消耗，就比年輕的時候更容易到極限。這時候，更要適當運動，運用知識與經驗，讓自己省點力，走得更遠。不管照護的日子什麼時候結束，只要我們還能把自己照顧好，自然會從這樣的經驗中獲益。

# 每天見面，不見得自然就該懂

對於親近的人，我們常會有比較高的期待，我們常會覺得，我們簡單一句話，親近的人就應該知道我們的意思，不想從頭再講，嫌煩。然後，我們會自然而然地預期，親近的人會對我們比較好，會理所當然地關心我們。

所以，也許是對親近的人期待比較高，對外人期待比較低。這可以部分去解釋，在正向情感上，為什麼朋友只給一點點，可以勝過親人給很多。

事實上，我們常高估我們對親近的人的了解，或者高估親近的人對我們的了解。相對來說，我們對相對不熟悉的人，就可能把話講得比較完整。然後，對親近的人，覺得不需要講那麼多，感覺夠親近，每天見面，很多事自然就該懂（當然，不是這麼一回事）。

有時候，我們對陌生人，反而可以講很私人的事，相對於親近的人。因為對陌生人比較沒有之前的情緒累積，也比較沒有利益瓜葛，下次也不見得會見面。

這些心理歷程，跟不信任、不重視親近的人，好像不見得那麼有關係。

10月24日

# 我們知道怎麼做對自己好，只是忘掉

關係這種事，不見得是努力就會出現我們期待的結果。那還要看當時的時空環境、我們碰到了誰、那個人當時的狀況……這些因素並非操之在己。

但是我們常常為了這些不是操之在己的事煩憂，忘了把這些心神用在自己身上。人的際遇起起落落的，關係也常有變化，那都是很正常的事。

我們常常知道怎麼做對自己好，只是一時間忘掉了，或者被情緒干擾。

有時候，我們看人家聚會，好像熱熱鬧鬧的，因此而感覺落寞。事實上，聚會有時候只是習慣或儀式，私底下大家勾心鬥角的動作頻頻，見面的時候又社交來、社交去，有時候反差會大到嚇人。

把自己過好，其實對人就有貢獻。

10月25日

# 處處限制自己的人，常會想限制他人

現代社會太過強調功利，大部分的人，更喜歡談成就、名氣、利益。一般父母跟孩子的互動，三句不離功課與成績。一個活活潑潑的孩子，想東想西的，就可能被解釋為頑皮跟搞怪。某個孩子對藝術很有興趣，父母馬上想到的，是藝術不能當飯吃。孩子的人生還長得很，別說孩子，即使是我這把年紀，我也覺得我還可以做很多不同的嘗試。

處處限制自己的人，常會想限制他人。

我們會想要跟喜歡我們的人學習，如果我們常被罵，人性的本質就是會試著逃避。「我怎麼做才不會被罵」，變成一種中心思想，怕犯錯、不敢嘗試，這樣的孩子，別說到將來能不能適應社會，連活著都不會太高興。

責罵，多一種方式說，就是說「不可以」，教育意味不大。要幫助孩子，幫助一個人，要多說怎麼做「可以」。

「還可以怎麼做呢？」

這是我常對孩子們說，也對自己說的話。有錯不可怕，只要腳步往前移動就會碰到，走得越遠，通常錯誤越多。接下來我們或許要試著彌補，或者所謂「錯誤」，或者稱之為「意外」，常是重要發明或者生涯轉折的契機，要看我們從什麼角度來看。

10月26日

## 自以為在追求快樂

我的工作，常在助人看清。大部分是在看清困頓，少數時候也會理清快樂的本質。快樂也要看清？

是啊！快樂也是一種情緒，它從不同角度看，也會有好處與壞處。像是有些孩子，情緒調節的機制還不成熟，容易進入很high的狀態，會睡不好、學習會不專心，判斷力會失準，因此產生行為問題。

有些成人，睡前喜歡追劇，精神過於亢奮，晚上睡不好，早上就疲累。有些年輕人在追求感官刺激，常會傷害到自己的身體，有時也會傷害他人，像飆車砍人。

我們以為在追求快樂，事實上常用更多辛苦與痛苦來換。

# 10月27日

# 愛沒辦法包容一切，婚姻更不能保證愛情的久遠

在目前的文化下，對女性比較不公平，從職業婦女回家還是要負責家務，照顧一家老小的整體時數調查，大致上就可以知道。有朋友講得更狠：「還要提供免費的性服務！」

我想到很多媽媽們的抱怨，搞到自己憂鬱症還沒人在乎的痛苦，聽多了真的會心驚膽跳的。

愛情是一回事，結婚是一回事。愛沒辦法包容一切，婚姻更不能保證愛情的久遠。多看看老年伴侶之間的關係，就會知道，大部分愛情的味道已經很淡了。

媽媽們在婚姻中的承擔與弱勢，需要被看見。雖然不見得要有受害者心態，幸福快樂部分也要靠自己爭取，但是婚姻關係由雙方經營，有一方無力感強烈，那麼關係就容易脆弱。

有位媽媽提到她的觀察，如果全職媽媽喊累、喊辛苦，容易得到否定的回應。社會很容易用一種理想的形象把媽媽套住，好像愛家、愛孩子的媽媽，總是精神飽滿幸福洋溢那樣。

如果在生理上很難不疲憊，能在心理上感覺心甘情願，那也不錯。雖然不容易做到人人滿意，但在婚姻中的雙方，能往這個方向努力，彼此勉勵，關係比較能繼續。

# 其實她怎麼樣都是想獲得妳的肯定

有一次我跟一位朋友進行一個角色扮演的練習，因為她真的不知道怎麼面對成年女兒的責怪。我扮演她，她扮演她女兒，細節稍作修改。

「就是因為當初妳亂打亂罵，還要我去選我不喜歡的科系，所以我現在才會過得那麼慘。」

「這樣啊！真是辛苦了，即使我給妳那麼多難關，妳還是一直很努力，這我都不一定做得到！」

才第一回合的互動，她就傻了，她說她不知道還可以這樣回答。她以前總覺得女兒怪她，她就要為自己辯護，她當時做的，都覺得是為了女兒好的事，儘管違反女兒的意願。

我說，很多孩子不管怎麼說，內心會很渴望父母對他們的肯定，這是一種支持。這個支持，讓他們能療癒傷口，繼續為了自己而拼鬥。

她似乎內在有些情緒，暫時沒說什麼話。我再強調了一次我剛剛的重點，然後我也跟著沉默了。

「其實她怎麼樣都是想獲得妳的肯定！」

願意傾聽女兒的心聲，給予尊重，好好思考，這個態度是很重要的。

10月29日

# 今天過得好不好

其實我們每天的情緒，受很多來源影響。媒體標題定罪、主管在檢討會議上砲聲隆隆、家人抱怨自己不被在乎……環境中負面情緒的強度與出現頻率，常常高於正面情緒。

把這些外在的因素都拿掉，屬於我們自己真正的情緒呢？今天過得好不好，自己知道嗎？還是所有外在的吵吵鬧鬧，全部都被混在自己的情緒裡面？

沒有時間去體察自己的情緒，就容易被牽著鼻子走。心中沒有靜定，常容易被外在的擾動，惹得一波一波地煩躁湧現。

有時候，真的要讓自己的心稍事休息，別再一股腦地、不間斷地、像強迫意念一樣地，吸收外來的訊息。毫不保護自己的心，沒把防火牆適時升起。

我認識有位朋友，其實很不喜歡自己工作的場所，但是因為這份工作很「穩定」，所以抱怨歸抱怨，還是不敢有轉職的行動。很多心神，就耗在對職場的不滿，也對自己找了各種藉口而生氣。其實這樣也活得下去，糊里糊塗地過，這輩子也很快就到終點了。

很多人，寧可拖，而不去試。如果能總結他們這輩子自我對話的所有台詞，抱怨，大概占了很大的比例。然後，認為自己的人生不是自己決定的，自己主動霸占著受害者的位置不肯移動腳步。

所以我很感恩，我只要在工作中，就能看到滿懷著成長動力的朋友們。其實大部分的改變沒那麼可怕，也不見得都是那種全盤大翻轉。一點一點地微調，邊做邊修正，其實是比較常見的狀況，也比較能確保，這確實是我們想過的生活。

有人陪著面對，會輕鬆一點。都靠自己，雖然辛苦一點，也不是都做不到。受害者的位置，坐久了也會厭膩，換換別的位置坐，心情也會跟著不同。

他跟孩子玩，玩到孩子都快翻臉了，旁邊的人都已經提醒他了，他還是調整不過來。結果，果然孩子發脾氣，氣到哭了，他還好像要安慰孩子「好了啦！妳怎麼這麼開不起玩笑」、「要哭就不要玩，妳怎麼這麼脆弱」……

旁邊的人也氣了，問他：「你到底是要安慰孩子，還是激怒孩子？」

有些爸爸，真的很努力，但是就是不知道怎麼適當地接近孩子，這有時候看了令人同情，然而將來還會有成長的空間。但有些人，則是沒那麼在乎他人或孩子的情緒，自己把場面弄僵了，又要把責任推得一乾二淨。

我的話，對某些不在乎他人的人來說，影響力不大。只能提醒一些被這樣對待長大的孩子們，有些遺憾會是一輩子，有些人靠近他就容易遍體鱗傷。如果我們回顧過去，發現我們小時候幾乎沒做什麼就被這樣傷害，記得放寬心，別一直罪咎自己，多想想怎麼照顧好自己，真的比較重要。

November

11月1日

# 我是不是從沒被愛過

念舊的人容易受傷，或許是因為對關係的投入深刻，所以抽離也困難。念舊的人，可能還停留在原地，感嘆關係的轉變，懷想著曾有過的美好，對方卻已經轉身不見。有時候會感嘆，對方怎麼有辦法對感情說放下就放下？

我們嘴裡會說，既然不適合，趁感情的餘溫還在，不必弄到那麼難堪地說bye bye，這對雙方都是一種解脫。可是，曾經那麼在乎過，對方卻說走就走，毫不挽留，就會一直糾結著，「我是不是從來沒被愛過？」

那我們乾脆假設，我們就是沒被愛過，那會怎麼樣呢？是覺得自己笨，是覺得自己傻，是覺得自己的自尊受到踐踏？

有沒有可能，是我們搞錯對象了？我們所謂的愛一個人，那個情感的發動者，就是我們自己。我們是真的全然地喜歡對方？還是部分地喜歡沉浸在愛中的自己？

追本溯源，我們先得有能力去愛，對方才有可能站在對面，成為我們情感的歸向。那沒有了對方，我們心中就沒有了愛嗎？這會不會是一種自以為的誤解，我們認定了愛的力量，是只能向外而不能向內？

能懂得愛自己，其他的愛才會跟著過來。

## 誰說是唱反調

跟孩子們討論，表達自己的想法，以及唱反調之間的差異。所謂表達自己的想法，通常是針對事情；唱反調，通常是針對心情。

自我覺察不夠的人，常會分不清楚兩者，造成人際困擾。什麼都反對，卻提不出一個好的想法，把大家都卡住了。在這種情況下，勉強做了什麼，就會變成不尊重他；但是什麼都不做，又很難過生活。

如果沿用唱反調的邏輯，那麼叛逆，就很有可能是即使對事情不利，還是會做某些決定。像是我認識的某位年輕人，在決定要就讀哪所大學系所的時候，年輕人自己決定了一個冷門科系，他的理由對我來說很充分。但父母強烈反對，他們使用的說法，就是孩子叛逆、不懂事。

如果父母沒辦法包容不同的意見，只想要孩子聽話。那麼孩子不管表達什麼想法，都可能會被定義為叛逆。

孩子表達自己的想法，只要是基於道理，那麼親子在一起討論，就有機會找到對大家都好的方向。可是，父母本身不懂得基於道理來討論，不但親子關係緊張，婚姻也不見得幸福。

如果我們能多一點讓情緒順著道理走，那心情與事情就有辦法相輔相成，而不是截然二分。

# 選擇失去自我是個危險的舉動

她說，要一個媽媽能夠對孩子完全放心，那會有多難。

小時候孩子多病，她常有一種擔憂恐懼，怕孩子哪一天不小心就突然離開這個世界了。那時候，只要先生在照顧上有一些沒注意到的地方，就會換來她的怒吼。

「媽媽」這個角色，是她從出生以來，情緒放最多的一個，多到甚至都忘了她自己。常常手忙腳亂地餵孩子吃飯，自己胡亂吃個幾口，連飽了沒都不知道。

失去自我的付出，不見得能得到對方失去自我的回報。這兩者間的落差，很可能就是往後情緒困擾的來源之一。「選擇」失去自我，本身就是一個危險的舉動。自我空虛了，就很自然地希望靠他人來填補，但是他人不見得做得到，那種感覺自己以前的付出沒價值、感覺自己被虧待的心情，就會汩汩地湧出來。

怎麼樣在付出的過程中，不失去自我呢？那就是，希望孩子過得好，那麼自己先過得好。父母先好好吃飯，讓孩子在一旁練習自己吃，或者先讓孩子不餓就好，這也沒什麼不好。等父母專心吃完了，身心飽足，稍事休息，再來看看要怎麼幫忙孩子。

如果我們不希望孩子以後失去自我，那我們的自我，更是要找回來，時時維護。

# 被折磨的受害者

這幾天，一直有個畫面在我腦中繞。那是在地震中，有親人疑似受難的某位老人家，被媒體採訪後，講了一段話，然後止不住自己的悲傷，到一旁掉淚的畫面。

我想到有些倖存的災民，會不會被一直要求重複的述說自己受難的經驗？我猜，那可能會像是被折磨的感覺吧！

在一般社交潛規則裡面，有人關心地問，好像不好意思拒絕，多少還是得配合一下。可是，對這些已經很需要休養的朋友們來說，好像是「別人很想知道，而不是我想說」。

所以，某些人口中的關心，要滿足的，非常有可能是想詢問的人，而不是被詢問的人。

那種重複經歷痛苦的述說，真的會讓人很累。要關心別人，最重要的，是要幫助對方，緩解他的痛苦。是他想說，所以我們聽。而不是我們很想知道，所以他不得不說。

如果對方不想說，我們可以只是陪伴。如果對方不想要我們的陪伴，我們也可以等待。陪伴、等待的時候，可以做什麼？

我們可以適當地問，對方口渴幫對方倒水、幫他買東西吃、是不是有什麼書面資料或手續需要幫忙辦理、有沒有誰要幫忙聯絡……，這些基本的照顧，在我們能力範圍內，對方也接受，我們可以試試看。

## 11月5日 你腦袋裝大便嗎？

「你水壺又忘記帶回來，為什麼你的頭不會忘記帶回來?!」我看到她寫的這一句，笑了出來，不過接下來就變成讚嘆。因為很少有家長這麼認真寫作業，超過我的要求許多。

我先感謝她的坦誠，很少家長能這麼少防衛，顯然她準備好了，決心要改變自己。滿滿兩頁裡面，我挑出幾個句子，相對來說比較不好聽。

「這題你也不會寫，你腦袋裡裝什麼，大便嗎?!」、「齁……有人皮在癢了……」、「我最討厭講不聽的小孩了！」……

這就是我希望她寫下來的原因，尤其在冷靜的狀態下，這就是一種反省與覺察，這個習慣養成，能幫助自我調整與修正。

上述的句子，可以修正為「這題我們一起練習，把公式帶進去之後，可以這樣……」、「我希望你回家把功課寫完，再看電視。我先把電視關起來，你要看的節目我已經預約錄影了，寫完再看！」……說理，比較能就事論事，而且針對困境提出調整的辦法，共同討論。好好跟孩子講道理，等於在教導孩子一種很不好學的人際技巧，或者說是培養一種個性，日積月累，便能看出明顯的效果。

11月6日

# 習慣了默默不語

關係裡面的沉默，原因有很多，我現在想到的、常見的有兩種。

一種像是無言的抗議，可能是說不過對方，或者因為權威、氣勢的壓迫，所以乾脆不說，看著對方因為得不到回應而著急、生氣，會有一種報復的快感。然而，因為沒有溝通，關係像被冰凍，很多事沒進展，彼此的情感也等著枯竭。

另一種，是失望透頂了，好像也無心無力表達或證明什麼。像是一再被誤會，或者被背叛，又或者對方為了自己的利益，不顧一切、不顧事實、不顧邏輯地抹黑。

習慣了失望，也就習慣了默默不語。

有時候失望進入絕望，那是對對方有強烈到無法言喻的反感。長久努力的動機被擊潰之後，也可能進入這樣的狀態。

付出一再被低估，還要能心甘情願，那是付出的時候沒忘了也同時利益自己。剛開始的失望，跟愛的落空或許有關，那麼，別忘了愛自己，那我們就比較不容易因為對單一個人的長期沉默，也慢慢地對自己不言不語。

11月7日

# 如果是真的，為什麼不能講？

一位很喜歡講人閒話的老媽媽，從年輕的時候，就喜歡說三道四，曾經因此而惹上一些糾紛。沒想到，這種習慣，到老了也毫不收斂，繼續逞口舌之快，聽眾越多越起勁，情節也離事實越來越遠。

「如果是真的，為什麼不能講？」這是她喜歡掛在嘴邊的話。

坦白說，就算是事實，一直傳播他人的負面事跡，本身就是一個傷害人的行為。而且，一件事被講久了，就會開始被加油添醋，離事實越來越遠。

不關自己的事，不斷講述，特別又不見得是真實的事，這樣一直說，很難不傷到被講的人。也許，她太渴望別人聽她說話了吧！也許，講別人的不堪，可以突顯自己的清高道德！也許，這就是她維繫人際關係的方式，因為就是有人喜歡聽這種很有趣味、有效果的話，就像亂講話的節目為什麼會有高收視率一樣?!

亂講話、講人閒話，會得到注目，也同時會有風險。我知道，想保持心裡清靜，就盡可能別去攪和這樣的事情。因此，我朋友少，這是我的選擇！

如果您也跟我一樣，請別怪任何人，這是我們的選擇。雖然因此我們失去很多，尤其在現在的社會裡，但是心情常保輕鬆，這是難以衡量的好處。

11月8日

## 講過的會忘記，所以碎碎念嗎

我們這一代父母，小時候還曾經經歷過一點點苦日子，所以我們會稍微珍惜目前的擁有，但孩子們從小相對物質充裕，所以孩子們很多生活態度我們看不慣。我們這一代父母，大概是有史以來教育程度最高的父母，加上前所未有的政治開放，「憂國憂民」的情緒，很容易投射到孩子的未來。

一般人都不喜歡接近負面情緒較多的人，儘管父母的負面情緒，常出自善意，也抵擋不了自然的人性傾向。我跟孩子們相處，我相信孩子比大人的本性還要天真良善，但是大人常喜歡過度負面解讀孩子們的思考與行為，他們常覺得委屈，就好像父母自己被過度負面解讀的委屈一樣，只是父母解讀的論述相對強勢。

因為焦慮，因為我們想做好父母親的責任，部分也因為我們的記憶力變差，講過的會忘記，所以我們囉嗦、嘮叨、碎碎念。孩子們不喜歡這樣被對待，我們也不喜歡被長輩這樣對待，差別在於，我們會多給長輩一點點耐心，如此而已。

孩子不喜歡跟我們講話，我們自己平常的作為得負一點責任。我們不喜歡聽孩子說話，孩子也有些地方要改進。相互獨立與成長，把愛做適當的表達，焦躁就會漸漸退去，留下關懷跟愛。

## 迂迴溝通

有一位婆婆，發現兒子很聽他太太的話，妒火中燒。所以就趁她跟兒子獨處的時候，一直罵媳婦。可是，無論媳婦怎麼做，就是沒辦法讓婆婆滿意。

婆婆本身就算有覺察，也可能自欺欺人，催眠自己不是因為嫉妒，是真的媳婦不好。或者婆婆也知道自己的嫉妒不對，但是這實在講不出口，因為連婆婆自己都不認同自己的情緒與行為。

但是，婆婆又隱隱然期待，兒子看得懂，能夠配合，多聽她的話，而不是聽媳婦的話。可是如果開口向跟婆婆確認，她還可能會說「我不是這樣的人」，甚至她還會主動反向鼓勵兒子多聽聽媳婦在說什麼，畢竟誰都希望家庭美滿這種大道理，表面上裝一裝。

我暫時稱之為迂迴溝通，成本很高，效果很不好。這種現象，有點類似「抗拒」的說法。畢竟大部分的人也不想要自己的這種陰暗面，浮上檯面，這會讓人非常焦慮。

我再次強調，這邊只是用婆媳舉例。事實上，親子、情愛關係，甚至在職場，都可能出現這樣的狀況。這種溝通方式，當事人可以不用負責，但又希望他要的效果出現，這中間就常會糾葛很多情緒。

我也感覺無力，只能心裡不斷祝福，期待他們的關係能在某時某處，碰上改變的契機。

11月10日

## 要不要報復，可以重新選擇

報復可以激起努力的鬥志，暫時或許有些用處。不過，報復也可能讓我們的目光狹窄，把對方記得牢牢，開始把自己忘掉。我們還有生活要過，我們還有家人朋友要照顧。

報復這件事，如果變成了心裡重複演練的劇碼，我們第一個對不起的，就是自己。為了報復，損害自己的心理健康，那沒必要。

然後，對方對我們的傷害，是真實的嗎？還是我們自己的詮釋與想像？

有時候，碰到年輕人拿出自己的陳年舊傷，要父母道歉認錯，父母根本忘了這件事。沒錯，通常被傷害的人記得比較久，或者想忘也忘不掉。可是，先別講對方，先講自己，我們是不是把自己的生命卡住了，對方早跑得老遠？然後，意識到這個狀況，更是氣自己、替自己感到委屈，莫名其妙理不出頭緒？

傷害不需要否認，但可以重新看待。在傷害裡面，有些好事也會跟著發生，像是自我覺醒與成長。把自己的成長看清楚了，要不要報復，可以重新選擇。不是不報復，就是不忠於自己。

看清楚對自己有利的方向，可以放下的放下，好像比較是為自己而活。

套句朋友的說法，人生不是得到，就是學到。別只想著報復，忘了學習。

# 舉目四望常看到了自己的渴望

有位老人家，每次不管怎麼責罵晚輩，明明白白的目的，就只有一個（或者是一串）。要晚輩關心她、陪伴她、尊重她，對她說好話，拿錢給她花，讓她覺得自己很重要，覺得自己有價值、被肯定……她覺得做起來很簡單，為什麼晚輩就是做不到？

所以她就罵，像用放大鏡一樣，找到一點點晚輩的瑕疵就罵。只是老人家成長的過程，沒那麼多跟心理相關知識的探討，她沒有自覺，不清楚自己的需要，跟她所罵的事，其實不見得那麼有關。她想要的，她又說不出口，或者感覺得模模糊糊。

她的借題發揮，只是把晚輩越推越遠。她所要的，更是難得到。那就罵吧，痛快地、不經思考地罵，她認為，一切都是晚輩惹怒了她，所以這都是晚輩理所當然該承受。

她的情緒是真的，但她所針對的事，都不完全是重點。換個方式來說，她的情緒建構了她部分的世界，她舉目四望常看到了自己的渴望。

一個人在心理上沒長大，不管在什麼年紀，都有相似的模樣。心裡的空洞，到處尋覓找人來填，形體上即便看來怎麼獨立，內在仍像是依賴著他人存活的小娃。

11月12日

## 不想在恐懼面前失了分寸

小女孩的遺憾新聞之後，某晚我對孩子唱著台語版的「搖籃曲」，一時感觸良多。小女孩的爸爸，再也沒有機會唱這首歌，伴著她入眠，我一想到就有點哽咽。我又想到，萬一我眼前的孩子，也因為某些原因，逃不過命運的捉弄，我接下來會怎麼活……

我因為害怕而胡思亂想，也曾經因此為了擔憂孩子而失眠。我雖是心理師，這些歷程我都一樣會經過。或者，就是因為我是心理師，我更害怕得多。像是我最近聽說我認識的某個孩子，被網友約出去之後受到了不當的對待，我除了難過，也很自然會想，萬一是我的孩子……

然而，我不想在恐懼面前失了分寸，因為我還有我所愛的人需要守護。所以，我盡可能謙卑，我知道，這世上還有大過我個人許多的力量，有些害怕，我想交給祂，請祂幫忙，儘管我不清楚祂在何方，或者，祂就在我心中，只是我不知道?!

我不膨脹自己，我也不膨脹害怕。因為恐懼，所以我學習謙卑，凡事盡可能認真面對，不輕忽，希望讓自己少一些後悔。

我只能害怕，我所能掌控的部分。我沒辦法掌控的部分，我害怕也沒有用，所以我交給祂，並相信祂自有安排。

# 不用讓自己被問題追著跑

很多青少年的問題，源自於兒童期。然而，即便在孩子還小的時候，看見了問題的所在，有時候我們大人還是會選擇，用壓的、用嚇的，能帶過就帶過，沒有正面面對。

譬如，兒童就會為自己爭取權利，這時候就要培養出一個親子溝通的默契，營造講理、互信、尊重的互動方式。如果兒童期沒建立好這樣的默契，或者孩子完全不信任大人能夠講道理，那麼，等到青少年有能力反撲的時候，出來的力道之大，會突然讓父母無力接招。

很多人，是想要等出問題再改變。但我們可不可以試試看，為了成長而改變？

換個方式來說，學習，本來就是沒有停止的時候。有時間有餘力，就可以為了讓自己更好而努力。這樣的態度，可以不用讓自己一直被問題追著跑，問題一個接著一個來，處理不完，疲於奔命。

改變就是一種學習，活到老，也可以改到老。不想改的人，什麼理由都能拿來用。

很多心理問題，常跟懂不懂得生活有關。不懂得健康、平靜的生活方式，時間就會幫我們累積成問題。

讓今天的我比昨天的我更好，讓事物遇到我能變得更好，這可以變成一種習慣、一種心態、一種正向循環。

11月14日

## 說教常變成尊嚴保衛戰

「說教」對我來說，通常是大人，或者權勢比較高的人，認為自己講出來的講法是對的，很難被挑戰（有些人會說自己的講法是真理），所以要孩子，或者權勢比較低的人接受、遵從他們的想法（有時候連懷疑都不行）。

如果說教的人，被對方挑戰，那常會進入「辯論」的狀態。也就是即使他們知道他們有錯，在某個點上可能站不住腳，也會想盡辦法用各種手段（轉移話題、扭曲、威嚇……），來維護他們的立場。所以要對方「閉嘴」的口語或舉動，就會隨著互動越來越明顯，雙方的情緒通常也越來越激動。

# 不是社交經驗夠多就能經營婚姻

婚姻這種親密關係經驗，不是社交經驗夠多，就足以取代的。如果沒有榜樣，都靠自己學，或者從相處過程中磨出來，相當不容易。

不只是這樣，雙方互動的過程中，難免會出現不少期待上的落差。這個時候，雙方有沒有足夠的耐心，知不知道怎麼消化自己的情緒，還有會不會照顧另一個人的心，都直接影響到親密關係的品質。

所以一個人的欠缺，在這個時候，無所遁逃。

以前在這方面遇到困難，大部分就靠宗族長輩調解。現在雖然大家庭結構瓦解，不過，開始出現很多社會機構、宗教團體，在這個部分耕耘。只是，要走出去，跟人聊自己的軟弱，尤其是不知道怎麼經營親密關係這件事，實在需要很大的勇氣。

更不要說，有人根本沒意識到，自己的困難所在。一股腦地認為，如果不是現在這個對象，必然過得如何如何愜意。

不過，多一種方式來說，不是因此就要逃避婚姻。這是一個難得的成長機會，從來沒有什麼叫做準備好的時候，不過，如果有婚前輔導的機會，那最好還是把握。因為有些狀況題事先想到，大家有個初步的共識，可以處理得比較順利。

11月16日

# 常用苦肉計的人

平常妯娌之間相處，還算和樂無爭。可是她小嬸有一個狀況，就是不知道算是抗壓性低，還是道德感強烈？每次小嬸要是犯一點點錯，就非常自責。

那種自責，是自責到你罵她，好像你是壞人的感覺。其實根本也不是到「罵」的程度，就是「提醒」。

她個性雖然比較直，碰到她小嬸，她就會盡可能委婉。但是都已經很注意說話的語氣了，小嬸還是很容易受傷的樣子。搞到長輩還要出來幫小嬸打圓場：

「她都那麼自責了，就不要再講她了！」

她實在很懷疑，是小嬸故意要讓她在大家面前的形象很差嗎？可是她跟小嬸平常相處起來的感覺，小嬸又不像是這樣的人。

其實常用苦肉計的人，只能得到暫時的好處。大部分人不喜歡跟這樣的人相處，也很容易跟他疏遠。想要幫忙他的人，自己要有信心，不要反而被他拖下去。這種通常是從小養成的策略，幾十年的習慣，不是說改就能改。還可能弄假成真，讓自己陷在悲苦裡面，自己也繞不出來。

如果在家裡，保持距離就算了。如果在職場，公事公辦就是了，當事人訴諸心情，我們還是要回到事情來談，畢竟事情做不好，大家都受影響！

# 屬於孩子的責任被誇大了

我認識一位功課常沒辦法如期交的孩子，真的很可憐。他很努力，但還是偶爾沒辦法交齊，他的家長也很用心，也請家教來幫忙，常都拚到睡前才匆匆上床。但是，每次老師公開點到沒交齊作業的學生，下課時間要留在教室補功課的時候，他就覺得難過。

我知道他不是故意的，老師也知道。可是，還是要一視同仁，以示公平。更辛苦的是，有些缺交功課的孩子，還要寫更多功課，以示處罰。我還碰過孩子跟家長在星期天熬夜寫，就怕星期一又繼續累積功課的狀態。

其實，這世上比功課重要的事很多。從我長大以來，一直聽過學生因為課業壓力，而傷害自己，甚至斷送性命的新聞，想來就唏噓。這樣的年紀，從國小到大學都有。

我想到一個孩子，跟我談到北歐的教育，重點在讓孩子有健康的身心，這讓我跟孩子都很羨慕。有健康的生理，才有健康的心理，做起功課來會更有效率。

有時候，孩子不是不負責任。只是屬於他的責任，被誇大了。

11月18日

# 培養出簡約知足的家風，對家庭或家族是個祝福

我跟家長們討論兒童情緒管理，其中一個重點是談物慾。常區分「需要」與「想要」，討論想要但得不到，那種焦躁的情緒可以怎麼處理？爸爸媽媽自己是怎麼做？這個教育能做好，對一個人的人生有許多正面的助益。

一個孩子的物慾如果膨脹，煩惱就容易多，親子關係就容易緊張。任何物質的爭奪，到最後可以歸結到心理層面，會更看得清楚一點。心裡的需要，自己沒有認識到，用無效的方式去滿足，或者貪心不足，已經有了還想要再更多，煩惱就可能來報到，越多越煩惱。

家無恆產，日子雖然清苦一點。但是父母只要培養出簡約知足的家風，說不定反而對整個家庭或家族是個祝福。

我想起一個為了生活而節約的家庭，媽媽因為沒辦法供應孩子充裕的物質而愧疚。說實話，如果基本的物質需求被滿足了，接下來的功夫，就是往孩子的心裡去，而不是在物質上琢磨。能認清現實，主動教導孩子，親子一同學習，延宕滿足對一個人要成就一番事業很重要，如此，愧疚就沒那麼必要。

# 一支負面情緒的箭射出

有人、有關係就可能挑撥，目的各有不同。有人是為了尋求情感上的被注意與關懷，有人是為了實際利益，或想方便自己。

然後，我常感覺到的是，負面互動得到的負面回饋，常常大於當事人的想像。這很容易推論，外境由心境幻化，常使用挑撥為手段者，知覺外境常以負面解讀，因此普遍性地以負面的方式回應事物，而非只針對單一事件。

我們害人，別人就可能會回頭來害我們，這是一些宗教教誨中的重要邏輯。特別我們破壞的，如果就是親人之間的情感，那麼，真是罪加一等。

用負面的方式去維繫關係，那麼，關係的本質會相對來說更脆弱。負面情緒會相互激盪，而且相互強化，一支負面情緒的箭射出，說不定會引來一顆砲彈。

家人之間的關係破裂，常會帶來許多無形的壓力與傷害。效果或許不是馬上顯現，但是經過一段時間，就容易浮上檯面。

家和萬事興，家衰口不停。如果家裡就是製造負能量的工廠，那家人彼此的關係如何能親近？要使用負面方法經營正面關係，是險招，常常導致家庭不斷爭吵。因此而離開關係的人不高興，留下來的人也難以輕鬆平靜。

11月20日

# 對方的保證像幾滴水，解不了嘴裡的渴

強烈的愛，常伴隨著對於失落的害怕。當我們為了愛而冒險，像走進了一片闃黑，我們會不斷尋找，光亮在哪裡，如果我們沒有能力照亮自己。

害怕失落，所以不斷確認。剛開始，或許對方還會因為被愛而高興。可是，當一而再再而三之後，對方或許沒有說出來，但表情與肢體的語言漸漸轉變成厭煩。這種厭煩的訊號一出現，自然引來更多的確認，於是，關係開始一點一點崩壞。

「我只是要一點安慰、一點安全感！」也許我們這樣對自己說。

一點、又一點、再來一點……我們自以為能踩得住剎車，我們以為對方不斷地保證，終能讓我們心滿意足，停止連我們自己也厭惡的確認。不一定會這樣的，當我們對自己很沒信心的時候，對方的保證像幾滴水，我們喝了能解一點嘴裡的乾燥，但沒多久就更覺得渴。

我們是不是藉由投身關係，因此可以不用面對自己？那種沒自信，是不是源自於自我的否定？會不會我們太習慣在關係中把自己掏空，想要獲得某種保證，結果卻找不到自己的心？

11月21日

## 有些人口中的愛，只是綁架

有時候，對方即便在形體上沒離開，但心理上常感覺兩難——靠近感覺厭煩，想離開又有罪惡感。這樣的對方，除了以為自己正在被愛的滿足，會常有一種缺憾，自己的人生有某一塊似乎沒辦法自主，沒法放膽放手去追求。

別把自己忘了呀！其實某個角度來說，演自己最難，因為每個角色都有些社會已經設定好的腳本。把角色都剝除，自己還剩下什麼？會不會因為不知道怎麼演自己，所以驚慌失措?!

如果暫時不知道怎麼演，不如把自己當成自己的小孩，試著用自己的力量，讓自己感覺幸福。幸福或許太遠，先從生活當中找一些成就感，從一些自己喜歡的小事開始，照顧自己的健康，對自己講講好話，讓自己感覺被鼓勵、被支持……

「沒有人愛的人最可憐！」不是這樣的，如果自己懂得愛自己的話，就能知道，有些人口中的愛，只是綁架。如果自己先學習愛自己，那在尋找愛的過程中，會容易一點。

11月22日

## 缺口也是入口

人與人之間相處，難免碰撞，碰撞之後，心裡有時候會出現一個缺口。這個缺口，可以是智慧進來的地方，也可以填滿傷痛，這是我們的選擇。我們的選擇，選擇了我們之後生命的走向。

11月23日

## 我們是不是創造出某種情感或情緒？

人與人相處，有負向情緒產生，這是很正常的事。有負向情緒產生，大腦就會自動化地浮現，想要放棄關係的想法，這也很自然。只不過，接下來我們就要清楚覺察，然後用理性評估了。

像是，關係真的沒辦法維繫下去了嗎？對方的優點，全部被我們轉成缺點，這是合理的嗎？如果我們沒有藉此成長，學習關係要經營，自己的負面情緒要自己處理，那麼，遇到下一位，再下下一位，我們是不是都會重複同樣的歷程，然後把自己弄得遍體麟傷？

最後走到深處，常常會觸及到一個議題，就是我們覺得自己值不值得被愛。連我們自己都覺得自己不值得被愛，那對方付出多少善意，都可能被我們懷疑。連我們自己都不懂得珍愛自己，那麼負面情緒就會在我們身邊打轉，如此，我們看出去的世界，就常常是灰蒙蒙一片而看不清。

自我成長的練習方式之一，阿德勒博士提醒我們，讓我們問自己：我們是不是「為了支持心中早就下好的結論，創造出某種情感或情緒」？

## 患得患失的愛

我連續跟幾位不同朋友探討，關於愛的本質。我們注意到一個很有趣的現象，為了方便理解，我們先這樣思考：

A對B付出，這時B感受到A的愛。那麼，當B發現，A對C的付出更多，那B的心裡又會有什麼感受？

其中一種答案，而且恐怕不少見，就是B開始對A有「不高興」到「憤怒」不等的負面情緒，甚至心情整個翻轉過來，B感覺不被A愛。

套用在人與人之間的關係裡，像是親子關係之間的偏心，或者在情愛關係中，發現對方曾經對前任情人的付出更多，都可能有上述的現象。

彷彿，我們得到的「愛」比較少，就不是「愛」了一樣。會不會，當「愛」拿到天秤上，在不同關係中比較它的分量之後，它從此變了質，再也不一樣了？

如果，我們真的這麼需要對方的愛，需要到患得患失，需要到要時時確認，自己是不是對方眼裡唯一的最愛。那麼，請別忘記相信，自己有愛自己的能力。

一個不忘愛自己的人，更能夠學會接受他人的愛，也能祝福與欣賞不同形式的愛。讓愛能在我們的身邊蔓延開來，通常我們是受益，而不是受害。

11月25日

# 慢性謀殺

最近幫一位讀者簽書，剛好有時間，頓有感觸，便寫下類似「同樣的事，說一遍可能是關心，說十遍會傷神經，碎碎念是強力的關係殺手」這段話！

我提到「傷神經」，這是真話。如果孩子常處在這種狀態下，那種壓力賀爾蒙的分泌，恐怕會傷害正在發育中的大腦。

我曾經很認真地請某位朋友停止一個話題，我問她：「妳知道妳同樣這件事，對我講了幾次嗎？」

她說：「兩次吧！」

我就算給她聽：「從頭到尾，差不多十次有了！」

旁人聽了：「這還算小case，有一次她擔心一件事，一整天講了有二十、三十次，講到我都快發神經了！如果我沒跟她說，說不定重複五十遍都有可能。」

一直散發負能量的人，有可能是她的抗壓性很弱，想要找人一起承擔。

可是，冤有頭債有主，情緒不找源頭，卻往弱勢流。那麼孩子就會受苦，脾氣好一點的人就被當成垃圾桶。

我腦中碎碎念的畫面，男女都有，爸爸媽媽功力一發，孩子都難擋。套一句朋友的玩笑話，「像是一種慢性的謀殺」。對方的形體固然還在，想經營關係的心，可能不知道什麼時候已經被擊垮了。

11月26日

# 不是年紀大就可以標準寬鬆

我最近跟一位老人家聊，他也覺得，這個社會應當給年紀大的人，多一點尊重。我自己一邊聽一邊覺得，年紀小的人也值得獲得尊重，我的建議，最好是大家互相尊重。

理論上，年紀大的人，通常掌握的資源會比較多，影響力也比較大，更是要以身作則，謹慎言行，作為年紀小的人的榜樣。不過，我跟不少年紀大的人的互動經驗，我感覺好像剛好相反。可能是我的誤解，我感覺到的是，年紀大的人，好像覺得因為年紀的關係，行為標準可以比較寬鬆，這是理所當然。面對年紀小的人，很自然地覺得行為要求要比自己更嚴格才對。

這讓我感覺困惑，行為要求，固然要因為不同年紀，而有所調整。但是行為不合「理」，不管是任何年紀，互動就可能不順暢。

不同年紀的人，心中存有的價值觀，其實常跟其成長的那個年代有關。經過了不同的時空變換，價值觀常要修正，然而現代因為變化太快，常出現修正不及的現象。常常越是沒有成長的人，越是覺得自己的想法，宇宙霹靂無敵超級對。反而是越懂得學習的人，就越謙虛，知道世界上有很多可能性，年紀跟智慧不見得成正比。

11月27日

## 讓孩子感覺自己可能會被遺棄，是為了什麼？

她大概是一下子沒找到錢包，就略帶緊張地對她兒子說：「慘了，你要留在這邊洗碗了，媽媽沒帶錢……」

兒子又急又緊張：「妳騙人……」

我從肢體動作與表情猜測，她後來找到錢包了，所以繼續從容地用餐。她說：「真的啊！不信，你問老闆！」

老闆也搭腔：「我們這邊碗很多都找不到人洗喔……」

這種騙小孩、逗小孩的事，在台灣稀鬆平常，隨處可見，我寫了好幾次了。可是，只要我看到一次，我有時間，我就會想要再寫一次，因為我相信這種文化有機會改變，儘管我一個人力量有限。

蓄意欺騙孩子，讓孩子情緒不穩，讓孩子感覺自己可能會被遺棄。這些操作，是為了什麼？其實，父母不需要說謊、嚇人，也能教小孩，把時間用來多做一點建設性的事，可以讓關係更好。像是聊聊學校發生的事，或者直接跟孩子討論「媽媽剛才以為自己沒帶錢，但是後來找到了。如果我真的沒帶錢，我們可以怎麼辦？」機會教育，讓孩子學一些問題解決的生活技能也很好。

沒有尊重自己身為父母的重要影響力，那孩子懂事之後要怎麼尊重父母？

11月28日

## 媽媽過得疲憊，別想家庭能有多和諧

朋友跟我說，上次過年，忙東忙西的，孩子又生病。有時候，又得要趕到長輩家，有長輩在又不得不幫忙，孩子又需要她。一個人兩頭忙的時候，連續兩餐飯都只吃了幾口。她先生像是大爺，看不懂臉色，在客廳跟大家哈哈笑、聊聊天，長輩在也不方便跟先生發脾氣。她在孩子哭鬧不想吃藥的時候，心裡一直出現一句話：「誰來幫幫我?!」

過年期間，有些媽媽很累，一大堆家務不說，孩子沒有地方去，要花更多時間陪，還會多了很多送往迎來的事。媽媽過得疲憊，別想家庭能有多和諧。

不過，也由於媽媽們，很多孩子的事管不到，在過年期間常會壞了平常的規矩，部分也跟長輩有關。所以，等到學期開始要收心的時候，就會跟孩子產生一段時間的情緒角力，這我們也要注意。

總括來說，先生要適時幫忙，如果自己看不懂，沒辦法知道哪件事自己可以做，就問。還有，不管是回娘家或夫家，面對平時不熟的家人，沒有感情基礎的親戚，那會是種壓力，請記得照顧另一半的感受，別冷落了！

11月29日

# 別用自己想像出的遺憾，來折磨自己

我認識的某位朋友，常為了自己過了適合生育的年齡而感慨。她的感慨，大致上是想到了孩子有趣的地方，想像自己當媽媽那種開心快樂的樣子，而感覺自己失去了一個很好的機會。

事實上，她的身體不好，體力也差，情緒狀態不是那麼穩定，常抱怨也批評，好像旁人常沒有好好地待她。如果她真有了孩子，她喜歡的睡到自然醒可能就泡湯了，她喜歡看電視的休閒習慣可能就要調整了。

我只能說，未來會怎麼樣我不清楚，可是我很替她慶幸，她能把時間留給自己。我們失去了什麼，常也得到了什麼。很多時候，連所謂的失去都談不上，因為從來沒擁有過。

我們用自己想像出的遺憾，來折磨自己。真的擁有了，就會是我們想像的那樣嗎？

關於錯過，我們從某一面來看，也許覺得可惜。可是再換一面來看，也可以是慶幸。

對目前現實生活的不滿，常讓我們更是在心裡滋生一些可能錯過的美好，這美好常被理想化了。那麼，把眼光放在當下的生活尋求改善，會比較實際。

11月30日

## 喚起孩子的恐懼，弊大於利

最近跟朋友，針對某位媽媽的教養方式，有了不同的看法。朋友認為這位媽媽要訓練的行為沒有錯，我則對於訓練孩子的手段——騙小孩，很在意。

謊稱要獎賞孩子，但想辦法轉移注意力，讓孩子忘掉。或者是想辦法巧立名目，再找出孩子其他的不良好行為，把酬賞剝奪掉。大人自己說出口的話，又不尊重自己的話，想辦法逃避自己該有的責任。

有時候想想，真是諷刺。大人不喜歡孩子說謊，卻喜歡騙小孩。孩子小的時候，常騙孩子。等孩子懂事之後，孩子就容易不信任我們的話。這種常識級的錯誤，大人還是常常犯。

在教養孩子的時候，騙小孩，常類似嚇小孩。包括講到警察、坐牢，或者嚇孩子不能回家、沒有飯吃，或者父母要離家出走……其實，案例我們隨便想都有，身邊隨處可見。

讓孩子恐懼，我們可以快一點屈從孩子聽我們的話。可是，大人藉由喚起孩子的恐懼，或者打擊孩子的自尊，來達到自己的目的，真的弊大於利。

隨口講講，不尊重自己的話，不尊重對別人的承諾，無法回應晚輩的信任，長輩本身的損失顯而易見。常騙小孩的代價，不但影響了親子關係，連自己的未來都可能賠進去。

# December

12月1日

## 靜下來的時間

我們很習慣去做什麼，不太習慣不做什麼。我們習慣腦中有一大堆計畫，把時間用到最後一滴不剩，那就叫充實，而不喜歡靜下來，放空、停頓。

心靜的時候，充滿了各種可能，不去期望、不去預設，那是充滿生機與創意的片刻。

12月2日

## 討好產生距離

有些孩子能按照大人的期望，壓抑自我，表現出大人喜歡的樣子，然後大人根據這些樣子跟孩子互動，喜孜孜地覺得自己的孩子真乖、真好，自我催眠、自我陶醉。

孩子討好了大人，卻未必喜歡自己，久了容易在情緒上不穩定。然後這樣的關係，表面上看起來親密，事實上會有一段距離，等到孩子有能力擺脫父母的影響，說出積壓已久的真話時，親子關係會進入黑暗期，然後重新整理，不見得都能和解。

在親朋好友面前講他們的好話，但是背地裡在孩子面前講他們的壞話，更是大忌。改天孩子在親朋好友面前，天真地說出父母批評過他們的話，孩子還會被罵白目。搞得這樣大家都難看，不如，父母從自己的行為開始修正起。

12月3日

# 管不好自己的人，常想要管別人

有一次我跟一位朋友聊，還好我們現在以小家庭為主。以前大家族時代，每個人都會承受比較多道德壓力，「不一樣」就可能是不道德，傳統就容易衝撞現代社會的多元價值觀。那種講話不負責任，喜歡耍弄自己的權威，總是想藉著教訓人，來獲得晚輩崇敬的長輩，實在讓人頭疼。

這些人常常不見得是當事人，但是因為以前的社會結構，會賦予年紀比較長的人，較多的影響力。所以就會有人，事不見得做多少，但閒話倒是很多，特別喜歡運用自己的影響力，想把自己包裝得崇高。

管不好自己的人，常想要管別人。

這樣的現象會出現，我們並不意外。有時候是為了轉移焦點，有時候是為了向外找目標彌補自己的挫折，或者單純就是自覺不夠，自己的人生不見得如意，就想要讓他人改變人生，讓自我感覺良好一下。

我跟很多朋友都有共識，我們不想成為這種長輩。所以多內省，有自己的追求，多花時間在過好自己的生活，這比較重要。

12月4日

# 遠觀自在

我們身在俗世，自然難以脫離某種制度或團體。可是我們的心，可以保持某種程度的距離，也可遠，也可以近，不是必然無法抽離。

尊重他人為他，也接納我們自己。

不理解他人的苦，他人不理解我們的怨，在臨床上很常見。如果，我們能回到千百年幾乎不變的現象去思量，人與人之間即便親密，某種誤解、曲解、偏見、防衛與遮掩……，難免會出現。在這樣的基礎上，我們有沒有辦法，坦然地面對？

或者，我們常自以為的理解，也可能只是片面。

有時候，我們只是一股情緒，無處寄託，無處消耗，找不到歸宿。那麼，回到當下，專注於感官，回到本然的存在，讓內在湧現的感恩與慈悲，稍稍化解淤積的情緒，帶著我們走向寧靜。

在寧靜中，眾聲併作。人性的多元樣貌，變成一種豐富的盛放。

遠觀，得自在。

12月5日

# 不打不罵只是表象，背後要有一個懂得教的人

年輕人找我討論不打不罵的教養，讓我感覺很高興。

我不斷強調，不打不罵只是表象，背後要有一個懂得教的人，才是重點。如果家長不會教，又堅持著不打不罵，路一偏，很容易往溺愛的方向走去！

不打不罵，那要拿什麼來支撐親職教養的內涵？

家長要夠成熟，對一個人如何在社會上生存有一套經過反覆思量的想法。家長的信仰要夠堅強，眼光也能放長遠，情緒要夠敏感才行。

然後，要能鼓勵孩子去面對挑戰，甚至跟孩子一起找出生活的困境，像準備闖關遊戲那樣做好心理準備。譬如，一樣是旅行，懂得教的家長，就會給孩子許多空間，讓孩子參與規劃，然後一同承受旅程中的甘苦。

年輕人告訴我，不是說要有適當的壓力才會成長嗎？我同意，但是壓力從哪裡來很重要。一個人願意持續努力，甚至追求屬於自己的超越，最後是由自己給自己壓力，才能長遠。

如果一個人有幸能找到自己很有興趣的方向，那麼，追求的過程，自然會給自己壓力。然後，一個人對於自己選定的方向，付出努力，達到目標，那種快樂與成就感，會很踏實。

12月6日

## 玩笑與嘲笑

我想到一位一直被開玩笑的孩子，還有他對於遭受這種待遇的氣憤。好像不知道算不算是霸凌，但那頻率與強度，任誰在其中，也難受。像是用「性別」的方式笑他，誇大他的小錯，用負面的方式評價他……

就是有人很喜歡開人玩笑，如果別人受不了，就說別人開不起玩笑！為什麼別人就要這麼倒楣，被這樣開玩笑?!

當時我也跟他討論一個觀念，如果我們真的不在意，是不是別人的嘲笑，我們也可以一笑置之？

後來想想，他只是個孩子，哪裡能這麼瀟灑脫？要能接受自己的不完美，要不去證明什麼，恐怕要千帆過盡，才有足夠的閱歷涵養出生命的厚度，然後慢慢地自我修煉。

我想起他，微笑不起來。接受不完美這件事，我看我還有得學。

12月7日

# 給了真心被輕賤，那時候傷心就會很強烈

以前會碰到家長，把職場的爾虞我詐那一套，帶回家裡，結果對話就像開會，砲聲隆隆。我也碰到過孩子把家裡良好的友善教育，用在學校、同儕，結果人善被人欺，受傷到不想上學。

家庭跟職場、學校不同，互動的方式需要依據親疏遠近調整。也不是在家裡都可以真心，那也要看家庭成員的個性。即使是配偶，雖然是自己選擇的，但是人會變，變得讓人陌生，那時候的真心，也要有分寸。

用真心傳遞正向的情緒，常要把傷心先準備好。給了真心被輕賤，那時候傷心就會很強烈。

## 12月8日

# 尊重自己新建立的家庭

當自己的爸爸媽媽，批評自己的太太「不會帶小孩」的時候，先生可以幫太太說話。這實在不是「有了老婆忘了老媽」，那種誰比誰重要的爭寵戰爭，而是人與人之間少了尊重，事情難做。公婆意見再多，如果主要是媳婦在帶孩子，那媳婦本人的價值觀最重要，這是就事論事。

每一代人的教養觀點不一樣，因為社會環境與所接受到的教育都不完全相同。傳統並不見得最適用，就算方向大概沒錯，常常還是要因人因時因地因情境，而進行微調。

特別是爸媽在批評媳婦的時候，孩子就在旁邊聽，這時候一個丈夫怎麼愛護自己的妻子，就會被孩子看進去。除非他已經不想要這段婚姻，或者寧可家庭走向失和，那也要另外考慮到，他希望孩子也複製這個行為嗎？

原生家庭跟新的家庭，已經是不同的單位了，這個要切割清楚。尊重自己從無到有建立起來的家庭，其實就是尊重自己。

12月9日

## 別凡事下結論

我不喜歡凡事下結論，理解一件事，有時候不見得會有認知上的結論，但也許可以有情緒上的釋放。

想驟下結論，可能是源自於求快、求效果的習慣。但是想去理解一個人，還要求快，那就可能失去了醞釀某些情感的機會。像是我們終於體會到，其實在某個層次、某種角度來看，我們還是有可能被父母愛著，即便他們帶來更多的傷害。

我終究在意的，是我們個人心中的靜定。是不是非得要走上理解、諒解、和解的路，這不一定。不過，追求我們自己的自在寧靜，往往跟找到他人內在的微小善意，有點關係。

12月10日

## 如何催毀孩子的未來

我們要如何摧毀孩子的未來，就是讓孩子不要有夢想，不要想太多，最好連想都不要想。我們堅持告訴他，只有按照我們的方式，才有未來。然後我們昧於事實，讓孩子覺得我們不會犯錯，萬事都懂，未來的變化都在我們預測之中。

我們藉著否定孩子，來肯定我們自己。孩子不按照我們的規劃，我們便威脅他，這是死路一條，這是摧毀孩子未來的重要步驟。

然後，要孩子什麼事都有萬全的把握，才能去做。如果會犯錯，那不如不做，別給大家找麻煩。把這種價值觀灌輸到孩子腦中，讓他們不敢多做、不敢多試、不敢多想，這樣可以有效地限縮孩子未來的發展。

12月11日

# 連了解我的耐心都沒有

要跟一個人長久相處，願意傾聽比健談，要更重要。連了解我們的耐心都沒有，那要再講相處就難了。外表、財富、口才……那些事物在關係裡面，重要性相對沒那麼高，時間一長久，很容易變得有名無實。

關係要活得健健康康，通常需要以雙方交流情感，並且釋出善意，作為養分。如果阻礙是出自於我們害怕敞開，所以經常導致交流中斷，那我們得要盡可能找人幫忙，為了我們所珍惜的關係而努力。

敞開自己，而不感覺害怕，這可以練習。熟能生巧，也適用在這裡。

12月12日

# 過去創傷擋在彼此之間

當關係進入到很深的層次，過去創傷很自然而然就會浮現。有些朋友會選擇把它講出來，尋求一種理解，也期許藉著對方的支持，或者自己的成長，未來有機會走過這一關。

但是有些朋友，會選擇緊閉門戶，雙方都知道，有個什麼東西擋在彼此之間，或者有個什麼地方最好是不要碰，不小心談到邊邊上就開始緊張。有時候，這會妨礙了雙方在最心底聲音的傳遞與接收。

真正堅強的人，敢於面對自己的脆弱。以柔軟的心，面對自己、面對他人，也需要夠堅強才行。

# 誰是自己人

一個補習班坐櫃台收錢的朋友，曾經跟我分享，有一位家長跟櫃台很熟，常聊天。結果，大家熟悉之後，這位家長每次繳錢，就開始湊家裡的一塊錢、五塊錢來繳，數量不少，會計還是得一大袋拿到銀行存起來，每次怕帳算錯還要重複數半天。

這位家長說：「自己人，沒關係啦！我不好意思拿到外面，會覺得丟臉！」

有些人，會因為珍惜一段情誼，而盡可能維護。有些人，建立了一些情誼，就想著利用。利用人的寬容與不計較，來獲得短暫的利益，以及自以為聰明的感受。像走在懸崖邊一樣，算計著恐怖平衡行走。

真正的自己人，是我們的後盾與情感寄託。把自己人變成仇人，確實是讓自己被嫌棄、被排擠的好方法。

12月14日

## 喜歡就把握，不必裝模作樣

喜歡一個東西又能承受，就盡可能把握，不必裝模作樣。

不喜歡命運給我們的處境，那就從操之在己的部分試著努力，有時候可以直行，有時候要先繞彎再轉進，有時候只能等，時空環境一變，問題就不是問題。

## 對誤解有抵抗力

他人對我的批評或排擠，常並非基於對我的認識（我不說別人也無從認識起）。既然他人的批評，是針對一個表面淺薄的樣子，那我們就可以保持距離，而不是主動迎上去，自己讓自己的傷勢更嚴重。

別把社會眼中的「我」，跟我們自己眼中的「我」，常搞在一起，那本來就不是同一件事。所以對自己的認識全面一點、堅定一點，也可以對他人的誤解，有多一點抵抗力。

怎麼做，可以對他人的誤解有多一點抵抗力？

對自己的生活、思考做文字記錄，像是寫日記、寫部落格、寫臉書，多閱讀跟自己困境有關的書籍，都是可行的方式啊！減少不必要的社交，有時候社交是尋求被認同的機會，問問自己，自己真的想要社交嗎？

年輕人認識新朋友，那是界定自我、尋找定位的重要動作，也跟生涯發展有關。如果中年人還老是在認識新朋友，我們就要注意，會不會是他沒辦法維持比較長久的友誼？

12月16日

# 把話聽清楚很重要

兒子在學校常惹事，這次又因為打架，他急急忙跑到學校。問明原委之後，盡到了該有的禮貌，跟一堆人道歉、保證，然後先請假帶著孩子回家。

在路上，兒子一直想解釋，他堅持到家再談。一進家門，孩子就開始為自己辯解，他只是聽，偶爾提醒兒子要喝水。

其實，把話聽清楚很重要，越大的事情，越是要試著這樣做。可是，很多家長常說，這時候怎麼可能還這麼冷靜？用另一種方式來說，第一時間就開始情緒化處理，有幫助嗎？

當家長自覺不夠的時候，所有的情緒都會宣洩出來讓孩子承擔。自己沒想清楚的事情，也一併拿出來讓孩子苦惱，又製造更多問題。所以，他在傾聽上下了不少工夫，不管是傾聽自己或孩子，因為這是一種對自己與孩子的尊重。

他簡要地摘述一遍事發經過，然後問孩子：「我比較關心你的身體有沒有受傷？有沒有保護好自己？還有你現在的心情怎麼樣？」

關心一個人，真的不是丟給對方一堆負向情緒，就算數了。嘴上說關心，其實那還是以宣洩自己的情緒為主。

真正的關心，最起碼，要同理對方的心情。是要幫助對方紓解情緒，而不是打著關心對方的名號，先紓解自己的情緒再說。

# 為了孩子好，所以先傷害他？

當我們習慣威脅孩子，又不懂得自省，那麼，通常就是越威脅越嚴重。因為一個正常的孩子，智能持續發展的孩子，通常是越來越有自己的想法，會獨立於父母形成自己的判斷。

我曾經聽一個爸爸在酸自己的孩子，我能感受到爸爸語氣背後的無奈。可是，我猜，孩子聽到的是，他是一個沒有用的人，他是一個不知感恩的傢伙，他的想法很不值得聽，他的人生經驗等於零……

威脅到最後，就演變成了各種大大小小的傷害。問父母為什麼要這樣打擊孩子的自尊，傷害孩子作為一個人的價值？父母的經典回答常是：「為了孩子好！」

這是很諷刺的邏輯。為了孩子好，所以先傷害他？先讓孩子不好，以後就會好？

「為了孩子好」，把這句話背後的動機還原，其實有經驗的大人就清楚，只對一部分。有時候是為了大人自己的利益與方便，有時候是管不住自己的情緒，有時候是抵擋不住社會壓力，有時候是知識跟不上時代的變化……

孩子被我們傷到了，就暫時破壞一下我們自己建立的規則，彌補一下孩子就可以。我們忽略了讓自己成長，原來教養孩子的態度也可以溫和，堅定也是一種力量。

12月18日

## 有時候可以轉彎

我認識有朋友，喜歡裝得堅強的樣子，常看不慣他人的「軟弱」。可是他的內心不平靜，常把怒火旺盛的一面表現出來，在我看來，那也只是暫時給自己力量的方法，暫時藉著這股力量，去掩蓋與否定他也會有的軟弱。

能面對自己，就能切中要點地跟自己說話，不用拐彎抹角，不虛度光陰。換個方式來說，如果自己軟弱，就用怒火包裝，別說他人會遠離，連自己都聽不懂自己的情緒要說什麼，更沒時間讓軟弱出來透透氣，反而在心裡憋得更久。

# 情緒有機會變淡

情緒會蒙蔽雙眼，讓我們只看到事實的其中一個面。

如果我們記得提醒自己，除了反面還有正面，除了壞處還有好處，除了我們的角度，還有對方的角度。那麼，事情能看得相對全面，那我們的情緒有機會變淡，我們的情緒變淡，可以幫助我們的視野更廣泛。

朋友告訴我，他們家裡的長輩的故事。

老人家平常的生活悠閒，帶著一個孫子作伴。孫子已經懂事了，大部分時間去上學，放學之後老人家帶著，也不需要照顧太多。

老人家好像多了一個傾訴的對象，孫子乖，就是默默聽著，偶爾回應、點點頭。

老人家講話的內容，實在兒童不宜。就是把每個認識的親戚，還有自己的兒女媳婦，全部抱怨一遍。

然後，對著迷茫的孫子說：「阿嬤對你這麼好，以後要孝順阿嬤，知道嗎？」、「不要像××一樣，只知道做『妻奴』，有了老婆就忘了老媽……」

孫子不懂，就是微笑著，老人家的情緒就好像被認可一樣，獲得療癒。老人家的子女，勸老人家這些話不要在孩子面前說，老人家回應：「要不然我還有什麼好說？」……

一個人的一生，最後剩一句，「我還有什麼好說」，真是悲哀。

抱怨者的抱怨，就是一種消磨人生的方式，一般來說，會引來更多負面情緒，會惹人厭，也開始一點一點忘記生命中曾有的美好時光。抱怨者的最高境界，是把自己的人生，真的過成像自己抱怨的那個樣子，然後藉著像老人家這樣的方式，讓下一代也往這樣的人生方向前進。

# 追求夢想很偉大，過好現在的生活也不渺小

每一刻都盡可能過好，一刻連一刻，也就形成了屬於我們的有意義的人生。不是每個人，都能澎湃熱血一生到老，一些偉大的人物，也不見得都達到了他們設定的追求。我們看到了所謂的成功者，相對就有不少失敗者隱藏在黑暗處，不是他們的人生都沒有意義，只是有一些運氣不是太好，最終沒有等到好的結果出現。

說到底，成功者與失敗者的分別，也許太過膚淺。只有當事人自己知道，自己是不是盡了力，至於成功了，那會多一點高興，失敗了，也許感覺可惜，那都會讓我們感覺曾經存在過。

夢想與理想，不是完全掌握在自己手上的，就是求個不放棄努力，想著活在世上，就是要找點事做，來讓自己在當下感覺有意義，這樣也是一種生活態度。

追求夢想很偉大，過好現在的生活也不渺小。人生的意義有很多種，有些要走了很長一段路，回過頭來看才知道。

12月22日

## 你去當別人的小孩啊

有一位家長提出來討論：「可以對孩子說，『那你去當別人家的小孩啊』這句話嗎？」

這是一句很常見的話，只是我盡可能不這麼說。這句在某些狀況下，之所以可以讓孩子閉嘴，是傷到他們的情感了。這句話的潛台詞可能是，「不滿意你可以離開啊」、「我不稀罕有你這個孩子」……有些比較敏感或低自尊的孩子，更可能視這句話為對他個人的否定。

很多時候，說者無意，聽者有心，像這種話很容易會有這樣的效果。

我會說：「你覺得當我們家小孩，有點委屈嗎？我們家沒那麼有錢，但也不會餓死，收入普通，跟一般家庭差不多。如果要滿足你，就是要犧牲我們其他人，這對大家不公平。」

也許，就事論事，只討論客觀事實，沒辦法很快讓孩子閉嘴，比較花時間。但某種程度上，增加了跟孩子互動的機會，讓我們能藉此多說明我們的價值觀，這其實是潛移默化很重要的過程。情緒性字眼常引來更多的情緒，在情緒當下，比這句話更難聽的字眼都可能說出口。

如果事情暫告一個段落，我會說：「謝謝你當我的小孩，讓你覺得這麼委屈，還是沒有離開這個家，不管你有沒有其他的選擇。」

12月23日
是我們把孩子往外推

忘掉，實在是個很有趣的機制。忘掉幫助我們簡化，讓我們的日子，能過得符合我們的想像。不過，我們同時也失去了某些力量，失去了重新為自己做決定的機會。

譬如說，當初我們考量私校的管理嚴謹，所以我們選擇讓孩子住校，孩子百般抗拒都沒用。直到孩子住校一段時間之後，我們發現跟孩子漸行漸遠，孩子很多事都不說，我們就覺得，是孩子不知感恩。我們忘掉了，當初孩子想親近，是我們選擇把孩子往外推，結果我們後悔了，卻又把責任往孩子身上堆。

如果我們把記憶找回來，那就要為我們當初的決定，為我們當初不顧孩子的意願，跟現在的結果，重新連結起來。如此，為了改善關係，我們才有更多活路可以走。

過去常是我們的資源，即使曾經有許多眼淚與心痛，都會讓我們對人生有更多體會。

# 12月24日

## 在對方的需要裡，我們去愛

面對一個自己比較沒那麼「愛」的人，會比較幸福嗎？女性真的要進入到「被愛」的狀態，才會是幸福的嗎？

那麼，身為一個媽媽，愛著短時間之內沒辦法給予具體回報的嬰孩，就會是不幸福的嗎？說實在，不少媽媽跟嬰孩相處的時候，常能感受到非常深刻的幸福。

人有低潮，關係也有起伏，常常付出的一方，也不見得隨時都有能量。那感受不到「被愛」，關係就準備散了嗎？

還是我們因為真的很珍惜這段關係，我們也學著愛人。在我們的能力範圍，在對方的需要裡，我們去愛，可以愛得比較不計較，愛得自由，即使結果不如預期，我們也能因為自己努力過了，所以少一點遺憾。

我知道被深深地愛著，這個意象，是一種多麼美好的引誘。這樣的說法，大概還會持續下去，因為以青少女為主力的情愛小說裡，這樣的元素還是主調。接受了這樣的觀念，會需要累積不少人生經驗，或許再加上一些眼淚，才會慢慢地調整過來。才會對於自己值得被愛，以及同時對自己愛人的能力，有足夠的自信。

## 過去有很多禮物，等我們領悟

她的話講得很重，說她的父母很勢利、很現實，平常眼不見為淨，一回娘家，就覺得想逃離。她是大姊，下面有弟弟妹妹，從小她就要做比較多的事，被要求要做好榜樣，要讓、要照顧，功課也被盯得緊。

她本來還怕是自己過於敏感，問她先生，他也覺得岳父岳母偏心得很明顯。不過，先生講了一句公道話：「弟弟有名，妹妹有錢，妳很普通，我可以理解妳爸媽的心情！」很傷人，但這是事實，她也認同。

她有時候想想，覺得很不值，以前為這個家、為弟弟妹妹犧牲了那麼多，按照父母的期待選擇職涯，頂多就是換了一個不討厭。

所以，她很鼓勵孩子尋找自己的人生，有自己的興趣，自己做判斷。她不太干涉什麼，大部分就是聊天與同理，親子之間和樂平靜。

我跟她說，如果她願意多一種方式想，心態上會比較舒服。就是她父母給她的影響，讓她跟孩子互動的時候，多了很多尊重，自己跟孩子都好過，這也是很好的事。

其實，過去有很多禮物，等著我們去領悟。領悟到了，過去就沒那麼容易把我們綁住。願意學習成長，我們的心裡就很有多寶藏。

12月26日

## 沒禮貌不能完全歸咎於沒家教

我建議，父母在跟孩子聊天的時候，多談談班上發生的事情，多討論社交場合中會有的大小事，不只是表達對孩子的關心，同時也能促進孩子的察言觀色能力。很多時候，孩子缺乏人生經驗，沒有人教，就是要等他碰到了，才會知道，那時候常會累積許多情緒。

跟什麼人交朋友，會有怎樣的好處與壞處？遇到衝突的時候，採取怎麼樣的做法，分別會有什麼利與弊？老師說的跟做的不一樣的時候，可能是什麼原因？為什麼明明我們送禮物，對方會先婉拒，然後收下？……

有些孩子，在外常被認為沒禮貌，或是白目，這並不完全能歸罪於沒有家教。而是孩子天生對情緒的處理很弱，對他人的情緒與行為常感到很困惑。大部分是自閉症類群障礙症（包含亞斯伯格症）的小朋友會有這樣的狀況，有時候注意力缺陷／過動症的小朋友也會有這種情形。

如果家長已經花了時間陪孩子，也自認為很努力教，可是孩子的察言觀色能力還是很差，常引起人際衝突。建議帶孩子至兒童心智科找醫師諮詢，順便尋求一些教養建議也不錯。

# 第一百零一次吵架

如果每次溝通完，都像要了一條命，誰會想溝通？

那種來來回回的測試，本身就很可能是傷害。想知道關係經得住多少考驗，結果用惡言惡行去試煉，關係破裂了，就說自己防範於未然，這種人實在是自導自演。

如果每次溝通完，都像是更接近對方，都像是更堅定彼此的感情。那誰還會畏懼溝通？

溝通本身就是相互學習，彼此有共識，用新的觀點，重新解析一次彼此遇到的困境，不愉快就不再成為兩個人的無奈。吵了一百遍的事，不會因為吵第一百零一遍，就突然化解，通常是換了不同的方式與視野。

所以，一個人沒成長，關係怎麼成長、怎麼跨越挑戰？

誠意、正心、修身、齊家，一步一步往前走，由內而外。價值觀正確，信念與行為之間能不斷貼合，自己穩了，就比較不會亂說話，講出或做出非自己本意的事。關係的根本，還是要回到待人處事的修養，來把馬步紮穩，會比較踏實。

不想成長，又想維持住關係。那麼，關係常在表淺，流於形式。

12月28日

# 陪伴，也是一種愛的方式

過去表達愛的方式，過於侷限在使用付出或犧牲的方式，社會常藉著為他人付出或犧牲的多寡，來肯定一個人的價值。付出不是不重要，適當地付出讓一個人開心、感覺有自我價值，不過，藉著他人得到肯定的歷程，在現代我們期待，慢慢轉向對自己的肯定。

我們不是非得藉著付出來得到他人的回應，而是我們付出的那一瞬間，我們已經能肯定自己的努力——我們還有能力付出，是多麼好的事。如此，看起來像是為他人所做的每個善意，都會回饋到自己身上。

愛得輕鬆不焦慮，愛別人也是愛自己，想付出就付出，無力付出也可以求助。得到別人的感恩，我們也感恩對方給我們這個機會；別人當成理所當然，我們就先求得內在的平衡，有餘力就做，沒有餘力那也只能這樣。

能表達沒有負擔的愛，我們常在平靜裡，享受著當下。我們先進入那樣的狀態，帶著我們所關懷的人一起進來。陪伴，也是一種愛的方式。

即便要付出，也可以不用失去自己。

12月29日

# 積極處理小問題

有些心理疾病，只要發病了，往後就可能容易再復發。有些疾病即便在被控制的狀況下，也會有些輕微的症狀。

兒童期被虐待，常是很多心理疾病的危險因子。即便有些打罵孩子的手段，未達虐待的程度，童年期的親子關係不佳，跟往後適應不良也有一定的關係。

不見棺材不掉淚，等見了棺材，掉淚也來不及了。有些遺憾，是發生了，就無法挽回的。

我們一個人的精力時間有限，不可能事事周全，沒辦法什麼問題都事先預防，這可以理解。一個人的情緒問題、心理疾病，或者親子關係惡化，都可以用預防的角度談，然而，生理健康也有很多項目要預防，就不要說財務管理、保險規劃……等一般生活事務，確實沒辦法面面俱到。

退而求其次，出現了徵兆，或是有些小問題，就積極處理，不等到累積成大問題再開始，這已經是不得已的狀況了。

12月30日

## 靜心能帶來慈悲

「過去是一個儲藏室，既有痛苦的記憶，也有幸福的記憶。回到過去的痛苦，令當下一刻在生命中消失。要放下過去，回到現在，這不是簡單和容易的。當我們決定了放下過去，回到現在，即是說我們決定了要抵抗心中內結的力量。我們能轉化這些結，它們在未來，將不能再把我們拉回去。」——一行禪師

我們聽到對方講了一些我們不能接受的觀念，我們很快就能跟過去許多痛苦的記憶連在一起，讓我們沒辦法安住在當下。我們可以暫時告訴我們自己，去理解對方，不等於認同對方。聽對方把話說完，不去打斷與糾正對方，才能聽得完整。

「當我們受到傷害，我們會有兩種不同思考模式應對。一種思考模式會令我們憤怒，想要報復；另一種是嘗試安撫自己，接觸自己的慈悲與理解，讓自己的心平靜沉著。如此，我們就能夠看到，傷害自己的人同樣受苦，我們的憤怒隨之消失。」——一行禪師

靜心可以帶來慈悲，一種共感苦痛的心態，先從對自己慈悲開始，然後去體驗對方在現實上與心理上的無能為力。

12月31日

## 人沒有孤不孤獨之分，只有害不害怕

這是個孤獨的時代。太多人怕孤獨，所以要找關係依附，結果，卻在關係中感受到更深刻的孤獨。

「人是沒有孤不孤獨之分的，只有對孤獨害不害怕之分。對孤獨害怕，不過是因為對這世界的龐大森然有所畏懼，畢竟在與世界的比照之下，人太微薄渺小，一生又太短暫。這樣的人喜歡用拚命付出感情或者拚命索要感情的方式來映照自己的存在，給自己以希望和慰藉。結果卻往往只是更加深刻地證明了生命的本質孤獨。有時候甚至尷尬到有話想說的時候無人可說，有人可以說的時候無話可說。」——七堇年

想要有知己好友，想要被人懂，所以關係總是不輕鬆。我更在乎的，是不知道怎麼跟自己說話，要說什麼話。這時候，用文字對自己說說話，或許相對於找人說話，心裡輕鬆一點，也更深刻。

# 你的存在本身就是美好

每天回到你心裡，感受自己的內在力量

作　　者　洪仲清
主　　編　蔡曉玲
行銷企畫　李雙如
美術設計　Joseph
攝　　影　太陽的情書影像 LLFTS Photography
梳化造型　陳菲菲
服裝贊助　倉丘小賀西服研究所

發行人　王榮文
出版發行　遠流出版事業股份有限公司
地址　臺北市南昌路2段81號6樓
客服電話　02-2392-6899
傳真　02-2392-6658
郵撥　0189456-1
著作權顧問　蕭雄淋律師

2018年1月1日　初版一刷
2018年2月8日　初版二刷
定價　新台幣320元（如有缺頁或破損，請寄回更換）

ISBN　978-957-32-8188-7
遠流博識網　http://www.ylib.com
E-mail: ylib@ylib.com

國家圖書館出版品預行編目(CIP)資料

你的存在本身就是美好：每天回到你心裡,感受自己的內在力量 / 洪仲清著. -- 初版. -- 臺北市：遠流, 2018.01
面；　公分 -- (洪仲清作品館；7)
ISBN 978-957-32-8188-7(平裝)
1.修身 2.生活指導
192.1　　106022938